SAINT BASILE

AUX JEUNES GENS
SUR LA MANIÈRE DE TIRER PROFIT
DES LETTRES HELLÉNIQUES

COLLECTION DES UNIVERSITÉS DE FRANCE

publiée sous le patronage de l'ASSOCIATION GUILLAUME BUDÉ

SAINT BASILE

AUX JEUNES GENS
SUR LA MANIÈRE DE TIRER PROFIT
DES LETTRES HELLÉNIQUES

TEXTE ÉTABLI ET TRADUIT

PAR

FERNAND BOULENGER

Docteur ès Lettres
Professeur aux Facultés catholiques de Lille

Deuxième tirage

PARIS

LES BELLES LETTRES

2002

Conformément aux statuts de l'Association Guillaume Budé, ce volume a été soumis à l'approbation de la commission technique, qui a chargé M. A.-M. Desrousseaux d'en faire la révision et d'en surveiller la correction en collaboration avec M. F. Boulenger.

© 2002. *Société d'édition Les Belles Lettres*
95 boulevard Raspail, 75006 Paris
www.lesbelleslettres.com

Première édition 1935

ISBN : 2-251-00296-0
ISSN : 0184-7155

AVERTISSEMENT

―――――

On a cru, en raison même du sujet traité, qu'il y aurait intérêt pour le lecteur à pouvoir identifier le plus grand nombre possible des écrivains « helléniques » que saint Basile cite, ou auxquels il fait allusion ; c'est un des buts qu'on s'est proposés dans cette édition. L'auteur y a été aidé par les suggestions toujours pénétrantes de M. Desrousseaux, qui a bien voulu prendre la peine de reviser ce travail, et l'a fait bénéficier, texte, traduction et commentaire, de sa compétence bien connue. L'auteur le prie de trouver ici l'expression de sa vive gratitude.

―――――

INTRODUCTION

I

BIOGRAPHIE DE SAINT BASILE [1]

La jeunesse. Celui qui, avec Grégoire de Nazianze son ami et Grégoire de Nysse son frère, devait contribuer le plus efficacement au renouveau chrétien, après le désarroi qui suivit Nicée, saint Basile le Grand, est né sans doute à Césarée, capitale de la Cappadoce, l'ancienne Mazaca, entre 329 (Tillemont : fin de 329) et 331. Sa biographie nous est connue surtout par ses propres écrits et notamment sa correspondance, et les éloges funèbres de Grégoire de Nazianze et de Grégoire de Nysse.

Le père, Basile l'Ancien, un rhéteur de Néocésarée dans le Pont, qui fut son premier maître (Grég. de Naz., *Eloge funèbre de Basile*, 12), et la mère, Emmélie, appartenaient tous deux à des familles remarquables par la piété (*ibid.*, 4), qui avaient compté des martyrs parmi leurs membres et devaient donner naissance à des saints. Ils eurent dix enfants, cinq filles dont l'une, Macrine, se fit religieuse, et cinq fils dont trois devinrent évêques, Basile, Grégoire qui occupa le siège de Nysse, Pierre qui occupa celui de Sébaste. Basile n'eut jamais qu'une santé médiocre : d'ailleurs il devait mourir avant la cinquantaine (379). Arrivé à l'adolescence, il passe, comme c'était l'usage, par diverses écoles : à Césarée, à Constantinople, à Athènes où il se lie avec Grégoire de Na-

---

1. Dans cette Introduction, comme dans le reste de l'ouvrage, les références au texte sont toujours faites d'après le chapitre et la ligne du chapitre dans notre édition.

zianze qu'il avait connu à Césarée, et où il rencontre Julien
(355). Il reste à Athènes quatre ou cinq ans, et rentre dans
sa patrie pour se donner à l'enseignement ou au barreau.
Une lettre de son ami Grégoire de Nazianze (*ép.* 2) laisse
supposer qu'à son retour d'Athènes il n'est pas sans se laisser
toucher par l'influence mondaine ; mais il se ressaisit prompt-
tement, peut-être par l'action du baptême que lui confère,
à une date que nous ne connaissons pas, Dianios, l'évêque de
Césarée.

**Le Moine
et le Prêtre.** Durant deux années, il parcourt
l'Egypte, la Syrie, la Mésopotamie ;
s'initie à la vie des moines, se fait moine
lui-même aux portes de Néocésarée. Son ami Grégoire vient
l'y rejoindre à diverses reprises, l'aide dans la rédaction de
ses *Règles,* et compose avec lui l'anthologie d'Origène, connue
sous le nom de *Philocalia.* C'est là qu'Eusèbe, le successeur
de Dianios, vient le chercher pour l'élever à la prêtrise (364).
Et dès lors il trouve en lui un auxiliaire incomparable dans
sa lutte contre l'arianisme, que l'avènement (364) et l'appui
de Valens rendent plus entreprenant que jamais. Quelques
années plus tard (370), à quarante ans environ, Basile
succède à Eusèbe sur le siège de Césarée, métropole de la
Cappadoce et du Pont, après une élection laborieuse, dont le
succès n'est assuré que par l'intervention énergique de Grégoire de Nazianze et du vieil évêque de Nazianze son père.

**L'Évêque
de Césarée.** C'est alors que Basile donne toute sa
mesure. D'abord il ramène la concorde
dans son troupeau ; ensuite il s'efforce,
par ses écrits et son action personnelle, de rendre la paix à
l'Eglise d'Orient ; mais il y a fort à faire. Il doit tenir tête, au
dehors, à l'animosité sectaire de Valens et de ses officiers (le
préfet Modeste : Grég. de Naz., *El. de Bas.,* 48-50), au dedans
à la malveillance des évêques, séparés de lui par des questions
de doctrine autant que par le souvenir encore récent de son
élection. Bientôt la scission, voulue par Valens, de la province civile en deux métropoles, lui suscite un rival dans la

personne d'Anthime, évêque de Tyane. Pour garder un nombre suffisant de suffragants, il crée de nouveaux sièges dans la partie de territoire qui lui reste ; et c'est alors que son frère Grégoire se voit attribuer le siège de Nysse, et son ami Grégoire de Nazianze, bien malgré lui, celui de Sasima. Puis, c'est l'affaire d'Eustathe, l'évêque de Sébaste, un ancien ami, avec qui il doit rompre, en dépit de ses efforts de conciliation. Mais l'activité du grand évêque s'étend bien au delà des frontières de sa province. En réalité, c'est lui qui, à la mort d'Athanase (373), devient en Orient le chef du parti nicéen. Plus encore ; il s'appuie sur l'Occident demeuré fidèle au Symbole de Nicée, noue des relations avec le pape Damase, avec les évêques d'Italie, les évêques de Gaule, sans grand succès d'ailleurs. Seule la mort de Valens (378) amènera l'apaisement dans l'Eglise d'Orient ; mais Basile ne pourra que saluer l'aurore de la paix Théodosienne, car il meurt le 1ᵉʳ janvier 379, suivi par les œuvres dont il a rempli sa courte vie, son activité d'écrivain merveilleusement informé, ses institutions monastiques, ses fondations charitables. Il n'a pas usurpé le surnom de Grand que l'admiration des Grecs lui a octroyé ; car plus que quiconque il avait préparé, pour l'Eglise, des triomphes dont il n'eut point sa part.

II

L'ÉPOQUE DE SAINT BASILE

Des premiers siècles de l'Eglise, le ivᵉ est le plus grand, et il en est aussi le plus intéressant : c'est la charnière où viennent se rejoindre deux civilisations, deux croyances, avec les états d'âme, les mœurs, et aussi les conflits qu'elles supposent ; c'est aussi un poste d'observation, d'où l'on voit nettement se dessiner le résultat probable de la lutte que la religion nouvelle, depuis trois siècles, a engagée contre le vieux paganisme. Et néanmoins la victoire n'est pas encore acquise sans conteste : ce siècle commence par des persécutions. Dioclétien, qui avait été d'abord tolérant, se laisse, aux abords de la vieillesse, influencer, semble-t-il, par Galère, le César de l'Illyricum, et déclare aux chrétiens une guerre, qui fut d'ailleurs surtout implacable en Orient, dans les Etats soumis à l'autorité du César, puis, quand Galère fut devenu Auguste, à celle de Maximin, son César. Et l'on revint aux années les plus noires de Néron et de Dèce. Jusqu'au moment où, victime d'un mal terrible, Galère eut l'idée d'intéresser à sa santé la pitié de ces chrétiens qu'il s'était juré d'exterminer. Le triomphe de Constantin sur Maxence devait mettre fin à la persécution par l'édit de Milan (313). Mais l'Eglise n'était délivrée de ce danger que pour tomber dans un pire, et se voir en butte au schisme et aux divisions de toutes sortes, à Rome, en Egypte, dans l'Afrique du Nord[1].

A Rome, c'est la question des apostats qui provoque la scission ; le nombre en était considérable. Le péril une fois passé, ils prétendaient rentrer dans la communauté chrétienne, et même sans conditions. Marcel, élu pape, après une vacance de quatre années (308), exigeait qu'ils se soumissent à une pénitence préalable ; d'où un conflit, qui provoque des désordres jusque dans la rue, et dont le résultat le plus clair est l'exil de Marcel. On élit pour le remplacer Eusèbe (309 ou 310), en face de qui se dresse bientôt Honorius, le candidat des mécontents ; Eusèbe est exilé à son tour, et meurt en Sicile. Enfin, l'Eglise romaine élit pour évêque Melchiade (juillet 311), et connaît quelques années de paix.

L'Egypte n'est pas mieux partagée que Rome. Vers 306, la même cause y produit des conflits analogues. L'évêque d'Alexandrie, Pierre, fait preuve de longanimité à l'égard des apostats ; Mélèce, de Lycopolis, dans la Haute Egypte, oppose une attitude intransigeante à celle du métropolitain, qui prononce contre lui l'excommunication ; et le schisme Mélétien s'étend à l'Egypte entière.

Pendant ce temps, l'Afrique du Nord était déchirée par le

1. Duchesne, *Histoire ancienne de l'Église*, II, chap. III suiv.

schisme donatiste, le plus douloureux que l'Eglise eût encore connu. Au temps de Dioclétien, la persécution y avait pris notamment cette forme, d'exiger la remise, la « tradition » des Saintes Ecritures. L'évêque de Carthage, Mensurius, esprit pondéré et d'ailleurs capable de fermeté, s'en était tiré par un subterfuge, et avait substitué aux Livres Saints des livres hérétiques. Le parti des intransigeants lui reprochait cette ruse à l'égal d'un crime. Sur ces entrefaites, Mensurius meurt (311). On nomme, pour lui succéder, son archidiacre Cécilien. Les mécontents, groupés autour d'une grande dame très riche, Lucilla, se réunissent dans une maison privée de Carthage, et citent à leur barre Cécilien, qui refuse de comparaître ; en conséquence, ils le déposent, et ordonnent à sa place le lecteur Majorin, un familier de Lucilla, qui lui-même ne tarde pas à mourir. Ils lui donnent pour successeur sur le siège de Carthage Donat, un ambitieux intelligent : sous son impulsion et son souffle, le schisme embrase tout le pays, et de Carthage gagne la province proconsulaire et la Numidie ; et c'est de ce Donat que la secte prit son nom.

Constantin, pour sauvegarder l'unité de l'Empire, s'était déclaré contre les factieux ; puis, il avait accepté, sur leur demande, de soumettre leur cas à une commission d'enquête : les conciles de Rome et d'Arles leur furent défavorables. Ils en appelèrent à l'empereur lui-même, qui ne put que confirmer les décisions des conciles. Et de guerre lasse, Constantin en est réduit à recourir à la violence ; il confisque leurs églises, sans plus de résultats. Désormais au contraire, la fureur des sectaires ne connaît plus de borne, et provoque des désordres qui appelleront à maintes reprises l'intervention du bras séculier. D'autant que le nombre des donatistes va se multipliant : en 330, un de leurs synodes compte 270 évêques ; au siècle suivant, à la conférence de conciliation convoquée à Carthage sur le désir de saint Augustin et sur l'ordre d'Honorius (411), on verra réunis 279 évêques donatistes pour 286 évêques catholiques. Et le donatisme n'était pas près de finir.

Mais la question qui domine cette époque, c'est celle de l'Arianisme. Cette erreur se rattache à l'œuvre de fixation dogmatique, à laquelle l'Eglise, libérée du péril extérieur, consacra tous ses efforts au cours de ce IVe siècle, et qui rejoint les controverses sur la Trinité, de l'époque précédente. Le dogme par la définition duquel elles allaient être closes, à savoir l'identité absolue de substance du Père et du Fils, fut défini au concile de Nicée (325), à l'encontre d'Arius, un prêtre d'Alexandrie, qui enseignait que le Verbe est une créature. Arius était connu pour un ascète ; il jouissait d'un grand ascendant, avait des appuis parmi les évêques d'Egypte, et jusqu'à la Cour. Mais le Concile, réuni sur l'ordre de Constantin, l'excommunia. L'arianisme n'en continua pas moins à se développer. Contre cette hérésie, saint Athanase était presque seul à tenir bon. Il n'était que simple diacre lors du concile de Nicée, et déjà, au témoignage de Socrate (I, 8), il s'y était révélé « comme un puissant adversaire des Ariens » (M., *P. G.*, LXVII, 64 A). Désormais les conciles succèdent aux conciles ; à Antioche (330) les Ariens font déposer Eustathe, l'évêque de cette ville ; à Tyr (335), ils font condamner Marcel, évêque d'Ancyre, un autre de leurs adversaires, et Athanase lui-même, que Constantin exila à Trèves : ce fut son premier exil, ce ne devait pas être le dernier.

Arius meurt en 336, mais non l'Arianisme. Constance, après la mort de Constantin survenue en 337, avait d'abord rappelé d'exil Athanase ; gagné lui-même par l'hérésie, il le dépose de nouveau au profit d'un intrus, Grégoire de Cappadoce. Athanase doit fuir, et il trouve un refuge auprès du pape Jules. Un concile réuni à Rome en 340 le lave des accusations fausses lancées contre lui. Un autre concile, celui de Sardique (343), convoqué en vue d'amener la pacification de l'Eglise, échoue par l'obstination des Orientaux, acharnés contre Athanase : car c'est toujours l'altière, la grande figure d'Athanase qui domine ces discussions et ces querelles ; et c'est l'Arianisme qui, plus ou moins ouvertement, mène tous ces assauts. L'hérésie, forte de l'appui de

Constance, non seulement tient bon, mais gagne chaque
jour du terrain. Des principaux défenseurs de la Foi, Athanase est proscrit, Hilaire est exilé. « Le monde entier gémit,
écrivit saint Jérôme, et s'étonna d'être arien » (*Dial. adv.
Lucil.*, 19 ; M., *P. L.*, XXIII, 172). Il devait l'être longtemps
encore ; à la fin du siècle, on retrouve l'hérésie à Constantinople, plus puissante que jamais : ce sont les ariens, vierges
et moines de la secte, qui, dans la nuit de Pâques de 379,
s'élanceront à l'attaque de la modeste chapelle que Grégoire
de Nazianze avait ouverte au petit troupeau d'orthodoxes
groupé autour de lui, et à laquelle il avait donné le nom
d'Anastasis (Résurrection). Et si, à un moment donné, par
exemple sous Théodose, l'hérésie semble reculer à l'intérieur
de l'Empire, elle reprend son avantage et au delà, chez les
peuples alliés, Goths, Lombards ou Burgondes.

Encore, s'il n'y avait eu que l'hérésie d'Arius ! Mais les
sectes se multiplient aussi bien à Rome même que dans tout
l'Orient : il y eut les Anoméens, les Macédoniens, les Apol-
linaristes, et combien d'autres [1] ! tous également dépourvus
d'aménité les uns pour les autres, disputant sur des formules,
mais prêts à passer aux voies de fait ; pour le plus grand
plaisir d'un païen comme l'empereur Julien qui, au témoignage d'Ammien Marcellin, remarquait qu'il n'y a pas de
« fauves plus redoutables pour les hommes que les
chrétiens ne le sont souvent les uns pour les autres » (XXII,
5, 2 suiv.).

Les chrétiens avaient pourtant mieux à faire que de se
déchirer entre eux ; car le paganisme était encore vivant.
Incapable, dans sa stérilité, de donner par elle-même satis-
faction aux aspirations confuses des masses, l'ancienne
religion nationale retrouvait une vigueur nouvelle au contact
des cultes orientaux qui, par l'attrait du mystère, par l'éclat
de leurs pompes, exerçaient une action sur les sens, en
même temps qu'elles ouvraient à l'âme des perspectives
d'immortalité. Dès le début de notre ère il se fait, à cet

---

1. Duchesne, *ouvr. cité*, II, ch. x.

égard, un travail lent de pénétration de l'Occident par l'Orient. Sous l'action de causes diverses, ce mouvement, à partir du IIe siècle, semblait irrésistible. Les besoins de la défense faisaient passer les légions des bords de l'Euphrate aux bords du Rhin ou aux confins du Sahara ; l'Asie fournissait à l'Empire, qui se dépeuplait, des milliers d'esclaves, dispersés au hasard des enchères ; les marchands Levantins pénétraient jusqu'aux limites du monde connu, pour l'exercice de leur trafic. Dans leurs migrations, ces Orientaux emportaient avec eux leurs dieux nationaux. C'est ainsi qu'on voit se propager le culte de Cybèle, celui de la déesse Syrienne, celui d'Isis, le culte de Mithra. Celui-ci connut une fortune étonnante[1]. Exclu du monde grec, il conquiert une grande partie du monde latin, des rives de la Mer Noire à la Bretagne, avec la Dacie, la Pannonie, les deux Germanies, le Sud-Est de la Gaule, et jusqu'au Nord de l'Afrique. Au IVe siècle, le Mithriacisme, au risque de perdre son caractère original, s'efforce de réaliser pour son compte l'essai de syncrétisme tenté de son côté par le Néoplatonisme[2], comme le suggère, par exemple, une inscription trouvée à Carthage, qui nous montre les fidèles de Mithra unis à ceux d'Hécate et de Cybèle, dans un hommage à la Grande-Mère[3] ; il groupe tous les mythes dans une vaste synthèse et il poursuit une lutte depuis longtemps engagée contre le christianisme, dont il est presque contemporain. Avec une morale notablement en progrès sur le vieux polythéisme, il avait gardé des superstitions absurdes et grossières, qui firent sa faiblesse, et en dépit de la protection du pouvoir, ne purent qu'assurer sa défaite. Mais au IIIe siècle, et même ensuite, ses progrès, attestés par les exhumations faites, dans les points les plus opposés, de cryptes mithriaques, sont si envahissants, qu'ils auraient dû suffire à réaliser contre

---

1. Voyez F. Cumont, *Les mystères de Mithra*, Bruxelles, 1913.

2. Voyez du même auteur, *Les Religions Orientales*, Paris, 1906, p. 243 et Bidez, *Vie de l'empereur Julien*, Paris, 1930, pp. 67 suiv. et 222.

3. Voyez A. Merlin, *Bulletin archéologique*, 1917, pp. 85 suiv.

lui l'union de tous les chrétiens. Nous avons vu qu'au
ive siècle, on était loin de compte à cet égard.

Et pourtant cette époque, si petite par certains côtés, ne
laisse pas d'être grande à la fois par les hommes et par les
œuvres. Le ive siècle s'ouvre, ou presque, sous le patronage
de Constantin ; il se clôt sous le signe de Théodose : deux
empereurs qui, à des titres divers, ont mérité le nom de
Grands. Surtout, ce siècle est grand par l'impulsion qu'il a
imprimée à la littérature ; c'est vrai de la littérature latine,
c'est vrai surtout de la littérature grecque chrétienne. Non
pas que la littérature païenne ait totalement abdiqué. Elle
jette encore des feux, ou si l'on veut, des étincelles ; elle
brille en effet quelque temps encore [1]. Himérios, Thémistios,
surtout Libanios lui rendent une vie factice, sous la forme de
l'éloquence, on devrait dire de la rhétorique ; Julien, qui fut
leur élève, sut mettre parfois dans ses œuvres, pour la
plupart improvisées, un accent de sincérité qui manque
ordinairement aux leurs. Mais ce qui fait la commune
faiblesse de ces écrivains et de ces œuvres, c'est le défaut de
matière. Les derniers tenants du paganisme n'ont plus rien
à dire. C'est le contraire pour les auteurs chrétiens, pour
ceux qu'on appelle les Pères de l'Église Latine, ou de l'Église
Grecque; pour S. Hilaire, S. Ambroise, S. Jérôme, S. Augustin, et d'autre part pour S. Athanase, surtout S. Basile,
S. Grégoire de Nazianze, S. Jean Chrysostome. Eux aussi
connaissent, pour les avoir apprises au pied des chaires
païennes, toutes les lois de la rhétorique ; et il leur arrive
même, plus souvent qu'à notre goût, de sacrifier par fantaisie
de lettrés aux grâces païennes. Mais ils communiquent à la
littérature, qui en dehors du christianisme se dessèche et
s'immobilise, quelque chose de la vie intense qui circule au
sein de la société chrétienne. Et les cadres vides que leur a
fourni l'enseignement de l'École, ils les remplissent d'idées
neuves, profondes et vigoureuses, servies par un style tout

---

1. Voyez A. Puech, *Histoire de la Littérature Grecque chrétienne*,
t. III, pp. 4 suiv., Paris, 1930.

2

ensemble spontané et savant. C'est chez eux en effet que se
sont réfugiés l'originalité et le génie ; et ils les ont nourris
du meilleur suc des lettres profanes : car c'est aux auteurs
païens qu'ils sont allés demander le secret de vaincre le
paganisme [1].

III

LE CHRISTIANISME ET LES LETTRES PROFANES

Dans un monde aussi troublé, la question de l'enseignement prenait une importance toute nouvelle ; aussi bien
a-t-elle en tout temps été considérée comme l'une de celles
qui intéressent le plus directement l'individu et la société.
L'homme est tout entier dans l'enfant ; or par l'éducation,
on atteint l'âme de l'enfant, on est maître de l'avenir. Cette
observation se vérifie principalement aux époques de tran-
sition, et par conséquent à l'époque de S. Basile.

Le christianisme apportait au monde des notions nouvelles
sur la vie ; l'origine, la dignité et la destinée de l'homme.
Le triomphe du christianisme ne pouvait manquer d'avoir
tôt ou tard sa répercussion à l'école. Mais la lutte fut
longue ; car c'est l'école qui fut sans doute le dernier rempart
du paganisme, aussi bien en Grèce qu'à Rome. On le conçoit
aisément, si l'on songe que l'école est « de sa nature,
conservatrice » [2]. Elle garde le plus longtemps possible les
méthodes, les habitudes, parfois même les erreurs que le
passé lui a léguées. Or ce sont les poèmes d'Homère qui
étaient à la base de l'enseignement chez les Grecs ; c'est
Homère qui avait fait l'éducation de la Grèce. Mais les
poèmes homériques ne sont pas seulement des récits de
combats ou de voyages ; ils sont aussi comme une illustration
des mythes païens, parfois les moins moraux. Comment

---

1. Comp. Bidez, *ouvr. cité*, pp. 47 suiv.
2. G. Boissier, *La Fin du Paganisme*, I, p. 192.

s'étonner dès lors que l'école soit demeurée longtemps païenne ? Pendant des siècles, et jusque en plein triomphe du christianisme, on y honore Homère et Hésiode comme les vrais maîtres de la Grèce, comme ceux qui avaient en quelque façon sculpté son âme, voire même comme des professeurs de vertu. Chose extraordinaire, les chrétiens les moins suspects, comme S. Basile lui-même (voy. dans ce traité, V, 19 suiv., 25 suiv.) ne sont pas loin de se rencontrer sur ce point avec des païens comme l'empereur Julien.

Et ce caractère de l'enseignement resta si profondément marqué, que l'empereur Julien, d'accord en cela avec les philosophes païens, n'eut qu'à ajouter une acception nouvelle au mot d'hellénisme, synonyme jusqu'alors de grâce hellénique, de littérature hellénique, pour désigner par là le paganisme renouvelé qu'il voulait opposer au christianisme ; de même que le mot d'Hellènes était devenu synonyme de païens [1]. Et du reste, après son accession au trône, c'est dans les écoles de rhétorique ou de philosophie qu'il alla recruter les chefs de son clergé [2].

Dans ces conditions, il est naturel que l'école ait présenté des dangers pour la foi et les mœurs des jeunes gens ; d'autant que la vie des chrétiens, même irréprochables, était déjà tout imprégnée de paganisme. Tertullien exprime cette idée dans des mots d'un réalisme assez brutal : « Omnes idololatria obstetrice nascuntur » (De anima, 39 ; éd. Reifferscheid et Wissowa, Corp. de Vienne, XX, pars I, p. 366). C'est l'idolâtrie qui les reçoit à leur entrée dans le monde ; et l'on peut dire qu'elle les suit dans toutes les circonstances de la vie, fêtes de tous genres, jeux publics, superstitions, magie [3], sans parler des magistratures civiles ou militaires, auxquelles ils ne veulent ou ne peuvent se soustraire, et dont les

1. Voy. Norden, *Antike Kunstprosa*, p. 514, n. 1 et Bidez, *La vie de l'empereur Julien*, pp. 48-49.

2. Voy. Bidez, *L'Empereur Julien, Lettres et Fragments*, Paris, 1924, p. 96, et comp. p. 124.

3. Voyez Schulze, *Geschichte des Untergangs des Griechischrömischen Heidentums*, I (Iena, 1887, pp. 102 suiv.).

moindres manifestations s'accompagnent de sacrifices et de prières aux dieux. On a beau dire qu'à l'époque où nous sommes « les dieux et les héros de la mythologie n'avaient plus qu'une existence purement littéraire[1] » et que par suite la religion païenne était moins redoutable à cet égard que les diverses hérésies. Néanmoins ces souvenirs qui les enveloppent comme d'un réseau entrent en conflit avec leurs croyances nouvelles.

Le danger était plus grand peut-être pour leurs mœurs. Les légendes de la mythologie, les scandales dont les dieux de l'Olympe donnent le spectacle, et avant tous les autres, Zeus, le maître du chœur, comme dira S. Basile (IV, 26), comment veut-on que ces vilaines histoires n'aient point troublé des âmes « jeunes et tendres », pour nous servir de l'expression de Platon (*Rép.*, 377 B). Le péril était manifeste, et d'ailleurs il sautait aux yeux des païens eux-mêmes, à commencer par Platon (par ex. *Rép.*, 378, 383 C, 390 suiv.) qui revient à maintes reprises sur ce sujet. Dans la *République*, il cite quelques-uns des épisodes de la mythologie, tels qu'il les trouve dans Homère ou dans Hésiode ; et d'abord, il n'hésite pas à les taxer de mensonges : ensuite, il estime en tout cas que ce ne sont pas des choses à dire devant des enfants, lors même qu'il y aurait des allégories cachées sous ces récits, car, dit-il, très justement, « l'enfant n'est pas capable de juger ce qui est allégorie et ce qui ne l'est pas » (*Rép.*, 378 D). Et bien d'autres auteurs païens font écho à ces grandes voix[2].

Mais, en admettant que ces légendes fussent en elles-mêmes sans danger pour des oreilles chrétiennes, elles pouvaient devenir périlleuses sous des maîtres païens, enclins à accompagner la lecture des textes d'un commentaire indiscret, ou plus soucieux de propager leurs propres croyances que de ménager celles de leurs auditeurs. Avec le temps les

---

1. Cumont, *Les relig. or.*, pp. 245 suiv.
2. Sur tout ceci, voy. dans E. Fleury, *Saint Grégoire de Nazianze et son temps* (Paris, 1930), le chap. II.

chrétiens ouvrirent eux-mêmes des écoles ; nous avons conservé les noms de quelques-uns des maîtres qui y enseignèrent : l'un à Athènes, Prohaerésios, à qui Julien fit des avances, notamment dans une lettre que nous avons conservée[1], et qui refusa les présents de l'empereur ; un autre, Hécébole qui, si l'on en croit Socrate (*Hist. Eccl.*, III, 13 ; M., *P. G.*, LXVII, 413 A suiv.), montra moins de constance. D'autre part à Rome, Victorinus, dont la conversion nous est racontée par S. Augustin (*Confessions*, VIII, 2 suiv.). Mais le cas ne dut pas être fréquent. Il y avait lieu de le regretter, car les écoles païennes n'étaient pas exemptes de reproche, il s'en fallait même de beaucoup. Sur ce point, les Pères de l'Eglise sont d'un avis unanime. S. Grégoire de Nazianze, dans son *Eloge funèbre de Basile*, rappelle le temps de leur séjour à l'Université d'Athènes, et il n'hésite pas à dire (Migne, XXXVI, 524 C ; éd. Boulenger, Hemmer-Lejay, p. 105) : « Athènes est funeste pour les choses de l'âme... ; car elle est riche de la mauvaise richesse, les idoles, plus que le reste de la Grèce, et il est difficile de ne pas se laisser entraîner par leurs panégyristes ». Il faut croire que sur ce point on n'avait guère réalisé de progrès sensibles depuis cent ans ; car, au siècle précédent, Origène exprimait déjà des plaintes analogues (*Ep. ad Greg.*, 2 ; M. XI, col. 99) : « Pour plus d'un c'est un malheur d'entrer en relation avec les Egyptiens — il entendait par là les écoles païennes — après avoir fait connaissance avec la loi de Dieu ». Et Minucius Félix était plus formel encore dans son *Octavius* : voy. XXIII, 1 suiv. et comp. Tertullien, *De Idololatria*, 10 (Corp. de Vienne, pars I, pp. 39 suiv.).

On essaya bien de parer à ces dangers ; et comme on ne supprime que ce que l'on remplace, les deux Apollinaires mirent leur virtuosité au service de leur foi. Ils réduisirent l'histoire Hébraïque en vingt-quatre parties sur le modèle des poèmes homériques, et prirent dans les Saintes Ecritures des sujets à mettre en vers, tragédies, comédies ou odes, de

---

1. Bidez, *l'Empereur Julien, Lettres et Fragments*, pp. 58 suiv.

façon à pouvoir opposer, dans chacun des grands genres litté-
raires, des œuvres d'inspiration chrétienne aux œuvres
païennes, qui jusque-là avaient été en possession de former
la jeunesse. Entreprise généreuse, mais téméraire, et qui
n'eut point de succès. L'éducation demeurait païenne, même
sous des maîtres chrétiens. Encore certains échappaient-ils
aux tentations vulgaires : c'était le cas de Grégoire de
Nazianze et de son ami Basile. Mais il y avait un autre
danger plus subtil, auquel nul d'entre eux ne se soustrayait,
c'était l'attrait même des lettres profanes, la joie et le tour-
ment de ces chrétiens convaincus, qui étaient aussi d'incor-
rigibles lettrés. Saint Augustin par exemple, après sa
conversion, a des retours fréquents vers les études classiques ; il se reproche dans ses *Confessions* d'avoir bu de ce
vin d'erreur « quod... nobis propinabatur ab ebriis docto-
ribus », « qui nous était servi par des docteurs ivres »
(I, 16). Il en gardera le goût opiniâtre jusqu'à la fin de sa
vie. Et S. Jérôme, l'ermite de Bethléhem, a beau se
dépouiller de tous les biens terrestres et, par sa vie d'ascète,
autant qu'il est en lui, de sa chair misérable même, il ne
peut se déprendre de ce penchant pour les Lettres, qui s'est
attaché à lui, au point de ne plus faire qu'un avec lui. On
connaît les plaintes que lui arrache ce qu'il considère
comme une faiblesse : « Je jeûnais, écrit-il à Eustochium, et
je lisais Cicéron... je prenais Plaute en mes mains », « ego
lecturus Tullium jejunabam..., Plautus sumebatur in mani-
bus » (Ep. XXII, 30 : Corp. de Vienne, LIV, p. 189). Si
faisant un retour sur lui-même, il veut lire un *Prophète*,
ce style négligé le rebute, à son grand désespoir. Par une
contradiction curieuse, et sans doute pour racheter ses torts,
il montre un beau zèle contre les évêques et les prêtres qui,
dans leurs sermons, rivalisent d'éloquence avec les rhéteurs
païens, et se souviennent trop volontiers de leur éducation
classique. Dans un mouvement qu'on trouve déjà dans Tertullien (*De praescriptione*, VII, 9)[1], il s'écrie (*même passage*) :

1. « Qu'y a-t-il de commun entre Athènes et Jérusalem, entre

« Qu'ont de commun Horace et le Psautier, Virgile et l'Evangile, Cicéron et l'Apôtre ? » (*ép.* XXII, 29).

En réalité, S. Jérôme lui-même et les autres Pères de l'Eglise ont compris qu'il est bon, qu'il est nécessaire d'avoir lu et commenté Démosthène, Isocrate, Cicéron pour rendre plus accessible à leurs contemporains la doctrine des Apôtres ; ils ont partagé plus ou moins à cet égard l'opinion que Socrate exprimera dans son *Histoire Ecclésiastique* (III, 16 ; M., *P. G.*, LXVII, 421 B), à savoir que les Saints Livres n'apprennent pas à bien parler : « (αἱ θεόπνευστοι Γραφαὶ) οὐ μὴν τέχνην διδάσκουσι λογικήν, πρὸς τὸ δύνασθαι ἀπαντᾶν τοῖς βουλομένοις τῇ ἀληθείᾳ προσπολεμεῖν » ; or, il faut savoir bien parler pour défendre la vérité. Les contradictions qu'ils signalent ne sont qu'apparentes et ils n'ont pas de peine à les concilier dans leurs écrits, si bien que l'Eglise compte au ive siècle un grand nombre de lettrés ; et il est vraisemblable que c'est de cet état de fait que Julien prit ombrage et prétexte, pour interdire à ceux qu'il appelait les « Galiléens » l'enseignement, et par voie de conséquence l'étude des lettres profanes[1]. La masse des chrétiens fut peut-être moins émue qu'on ne pense par ce décret sectaire ; nous savons en effet que beaucoup de chrétiens, S. Grégoire de Nazianze (*Eloge fun. de Basile*, 11) dit même « la plupart d'entre eux », n'éprouvaient que de l'antipathie pour l'enseignement des sciences profanes. Mais Grégoire désavoue nettement ces délicats, et proclame qu'ils sont dans l'erreur « κακῶς εἰδότες » ; et au iiie siècle déjà, Clément d'Alexandrie était du même avis : « Le plus grand nombre, écrivait-il, ont peur de la philosophie hellénique comme les enfants des fantômes » (*Strom.*, VI, 10, 5 ; Stählin II, p. 472), et Clément les rassure[2] ; il est même d'avis qu'il y

l'Académie et l'Eglise ? » (éd. de Labriolle, Hemmer-Lejay, pp. 16 suiv.).

1. Voy. Bidez, *ouvr. cité*, pp. 61 suiv. et l'*Introd.*, pp. 44 suiv.

2. Voy. dans *Bulletin d'ancienne littérature et d'archéologie chrétienne*, l'article de P. de Labriolle, « Culture classique et Christianisme », IVe année, n° 4, pp. 262 suiv. et dans *Recherches de science*

a dans la philosophie païenne des vérités vraiment divines, soit qu'en effet elles aient été directement inspirées de Dieu, soit qu'elles aient été empruntées aux Livres Saints (*ibid.*, ch. ɪɪ suiv. et Προτρεπτικός, VI-VII)[1]. De même S. Grégoire le Thaumaturge dans son *Panégyrique d'Origène*, ɪɪ et ɪ3 (Migne, X, ɪ o8ɪ BC et ɪ o88 AB) félicite celui qui avait été son maître à Césarée, de lui avoir, par son exemple et ses conseils, suggéré l'étude des philosophes et des poètes grecs, à l'exclusion de ceux « qui nient l'existence de Dieu et de la Providence ». Quant à S. Grégoire de Nazianze, dans son *Eloge funèbre de Basile* (voy. par ex. ɪɪ) comme dans maintes de ses œuvres en prose ou en vers, il avoue hautement l'estime qu'il fait des sciences humaines ; ainsi dans les vers qu'il adresse au jeune Séleukos, où il lui recommande de s'adonner préalablement à l'étude des sciences profanes, et d'aborder seulement ensuite celle des Livres Saints (Migne, XXXVII, ɪ577) ; ainsi encore dans ceux qu'il compose pour Nikoboulos, le mari de sa nièce Alypiana, et où il écrit que la science est le plus grand des biens que Dieu ait départis à l'homme (Migne, *ibid.*, ɪ5o5 suiv.), pensée sur laquelle il revient un peu plus loin (Migne, *ibid.*, ɪ52ɪ suiv.) ; et cette tendance, commune aux écrivains ecclésiastiques des premiers siècles, n'échappait pas aux païens intelligents, comme Libanios, qui y fait allusion dans son discours aux chrétiens d'Antioche (voy. *Or.* XVI, éd. Foerster, II, pp. ɪ78 suiv.)[2]. Les Pères de l'Eglise

---

religieuse (février ɪ93ɪ) un article de P. Camelot sur l'attitude de Clément d'Alex. en face de la culture profane, pp. 38 suiv., ; voy. aussi S. Jérôme, *ep.* LXX au rhéteur Magnus (Hilberg, Corp. de Vienne, LIV, pp. 7oo suiv.).

1. Cette idée se retrouve chez bien d'autres écrivains des premiers siècles ; ainsi Minucius Félix, *Octavius*, 2o, ɪ ; Grégoire de Nazianze, *Elog. fun. de Basile*, XXIII (comp. dans l'édition Boulenger, la page ʟxxxv) ; S. Basile lui-même : dans notre traité, VII, 48, etc. Et voy. A. Puech, *Recherches sur le Discours aux Grecs de Tatien*, Paris, ɪ9o3, pp. 82 suiv.

2. Sur cette question, voyez E. Fleury, *ouvr. cité*, chap. ɪɪɪ, pp. 55 suiv.

latine n'usent pas d'une autre tactique. « Neque enim et
litteras discere non debuimus, quia earum repertorem
dicunt esse Mercurium » : ainsi s'exprime S. Augustin, dans
son traité de la *Doctrine chrétienne* (11, 18). C'est la règle
qu'avait appliquée déjà Minucius Félix ; car c'est en s'inspirant des philosophes antiques, Platon, Aristote, Zénon,
Cicéron, Sénèque, qu'il avait réfuté les arguments de ses
adversaires [1] ; c'est celle que suivit saint Ambroise : son
traité sur les Devoirs des prêtres (*De officiis ministrorum*)
n'est que le *De officiis* de Cicéron, à peine démarqué [2]. Et
pour justifier les emprunts qu'ils font aux auteurs profanes,
ils n'hésitent pas à s'autoriser, S. Jérôme d'un épisode du
Deutéronome (ép. 70, 2 ; Hilberg, p. 702), saint Augustin
d'un récit de la Genèse (*De doctrina christ.*, II, 40). Ainsi
concilient-ils le respect de leur foi et le goût des Belles-
Lettres. L'un des plus intransigeants certes, Tertullien,
interdit à un chrétien l'enseignement comme incompatible
avec ses croyances ; mais par une inconséquence qui trahit
ses tendances instinctives, il ne lui défend pas la fréquen-
tation de l'école ; et il justifie son attitude par des raisons
d'opportunité : « cum instrumentum sit ad omnem vitam lit-
teratura » (*De idolol.*, 10 ; Corp. de Vienne, XX, I Pars,
p. 40). Le temps n'était pas si loin où les chrétiens passaient
pour des illettrés aux yeux des païens ; ainsi s'exprimait le
Cécilius de Minucius Félix dans l'*Octavius* : « Studiorum
rudes, litterarum profanos, expertes artium etiam sordi-
darum » (V, 4). Julien reprendra ces accusations pour son
compte au IVe siècle, mais ses arguments désormais manque-
ront d'à propos : dès la fin du IIIe siècle, comme Arnobe le
proclame avec complaisance (*Adv. Nat.*, II, 5), la situation
était renversée.

L'Eglise a atteint ce résultat en s'assimilant le meilleur
de la culture profane. Le vase est le même, si la liqueur est
nouvelle, et il a gardé le parfum de l'ancienne.

1. G. Boissier, *La Fin du Paganisme*, I, 288.
2. P. de Labriolle, *Hist. de la Litt. Lat. chrétienne*, pp. 44 et
371 ; *Les Belles-Lettres*, Paris.

IV

SAINT BASILE ET LE TRAITÉ SUR L'UTILITÉ DE LA LECTURE DES AUTEURS HELLÉNIQUES

La littérature chrétienne de cette époque garde donc des traces évidentes de la littérature profane. Mais le penchant invincible qui inclinait les chrétiens à la lecture des auteurs païens ne leur fermait pas les yeux sur les côtés fâcheux, sur les tares du paganisme, ni sur les dangers qui s'en dégageaient pour la jeunesse des écoles. Aussi les Pères de l'Église font-ils la distinction entre l'élément simplement humain et l'élément spécifiquement païen que recèlent ces auteurs ; ils proclament que tout n'est pas à prendre dans la culture profane ; il faut faire un choix, ou comme dit S. Grégoire de Nazianze « du mal apprendre à connaître le bien », ἐκ τοῦ χείρονος τὸ κρεῖττον καταμαθόντες (*Éloge funèbre de Basile*, 11). C'est l'idée qui revient sous cent formes diverses, aussi bien chez les Pères de l'Église Latine que chez les Pères de l'Église Grecque. Et c'est celle qu'à son tour S. Basile développe, en quelque façon ex professo, dans un opuscule charmant, écrit avec une élégance tout attique, par un chrétien et un évêque, qui est manifestement un lettré.

Cet opuscule n'est pas un discours, au sens propre du mot, autrement dit il n'est pas destiné à un auditoire plus ou moins nombreux ; c'est encore moins une homélie : il n'y a pas à tenir compte, à cet égard, du titre que ce travail porte dans les manuscrits : quelques-uns (notamment DEXZ) le présentent comme une homélie (ὁμιλία) ; deux seulement (OR), d'ailleurs récents, le désignent sous le nom de λόγος, appellation qui peut d'ailleurs convenir à ce travail ; le plus grand nombre des manuscrits s'abstiennent de toute désignation. Il semble, d'après le contexte lui-même, que cet opuscule

écrit dans les dernières années d'une vie qui devait être si
courte, ne soit qu'un entretien de S. Basile avec ses neveux
en cours d'étude. Il n'est pas interdit de conjecturer que ces
pages, écrites pour l'instruction de quelques jeunes gens de
sa famille, ont été par la suite revues pour être mises à la
portée de toute la jeunesse. On peut aller plus loin, et grâce
aux allusions de plus en plus fréquentes à des choses
connues des seuls lettrés (ὁ Κεῖος σοφιστής V, 55 = Prodicos ;
τῷ ποιητῇ X, 9 = Hésiode), présumer que l'auteur compte
atteindre un public plus averti que les jeunes gens auxquels
il s'adresse. L'auteur ne traite pas sous une forme systéma-
tique de la valeur éducative des écrivains profanes : pour lui,
comme pour les Pères de l'Église en général, la question ne
se pose même plus. Il vante chaleureusement la formation
classique ; il la considère comme une préparation à l'étude
des vérités chrétiennes. Mais ces pages ne sont pas seulement
un éloge ; elles sont aussi un conseil ; les modernes peuvent
estimer qu'elles sont enfin une démonstration ; car l'auteur
ajoute à la leçon un exemple remarquable, le sien, sur la
manière de tirer parti des auteurs profanes.

ANALYSE[1]

I. INTRODUCTION. — L'auteur s'autorise de son âge et de son
expérience, comme aussi de ses liens de parenté, pour donner à ses
neveux des conseils sur le bon usage à faire des écrivains païens.

II. LA THÈSE. — La lecture de ces écrivains est utile en soi, mais
à la condition qu'on fasse un choix (comp. IV, 1 suiv.). Chap. 1.

III. LE TRAITÉ.

1. Pourquoi cette lecture est utile.

Les biens de ce monde ne sont rien en comparaison des biens de
l'au delà, dont la valeur est incomparable ; or ce sont les Saintes

1. La division que nous adoptons et qui nous a paru la plus
judicieuse est à peu près celle d'Auger (*Discours Grecs, choisis de
divers orateurs*, Paris, 1788, t. II, pp. 303-341), suivi par Sinner,
Novus SS. Patrum Graecorum saeculi quarti delectus, Paris, Hachette,
1842, pp. 5 suiv.

Ecritures qui nous renseignent sur la vie future. Pour les comprendre, il est utile, voire nécessaire, de connaître les écrivains profanes. Chap. II.

Qu'il y ait accord ou divergence entre les unes et les autres, il ne peut qu'y avoir profit à connaître les lettres profanes et à les utiliser, ne fût-ce qu'en guise de parure pour l'âme. Exemple de Moïse et de Daniel. Chap. III.

2. Le choix à faire.

A. Sa nécessité. — Le choix est nécessaire si l'on veut éviter, parmi ces ouvrages, ceux qui sont mauvais, par exemple les récits empruntés à la mythologie, contraires à la vérité et à la morale. Il faut imiter l'abeille et ne prendre que ce qui est utile. Chap. IV.

Pour nous incliner à la vertu, il faut lire ce qui chez les écrivains profanes, poètes et philosophes, est de nature à nous la faire aimer ; exemples pris dans Hésiode, Homère, Théognis, Prodikos. Chap. V.

Nécessité de concilier la pratique avec la théorie. Chap. VI.

Exemples de vertu tirés des auteurs profanes ; en quoi ils s'accordent avec les préceptes évangéliques. Chap. VII.

Nécessité pour nous, comme pour les artisans et les athlètes, d'avoir un but, d'y faire converger toutes nos actions et de faire effort pour y atteindre. Chap. VIII.

B. Son utilité. — Ce choix, en excluant dans les auteurs profanes les éléments mauvais, ne gardera que des exemples bienfaisants, chrétiens en quelque façon avant la lettre, préparation très opportune à la pratique des vertus proprement chrétiennes, et notamment

— souci de faire prédominer l'âme sur le corps ;

— judicieux emploi de la richesse et des autres biens terrestres ;

— effort vers la vérité, aversion pour la flatterie et le mensonge. Chap. IX.

Ces préceptes trouvent une expression parfaite dans les Saintes Ecritures ; ce n'est pas une raison pour ne pas tirer parti, en vue de l'éternité, de l'enseignement des livres profanes. Chap. X.

Par conséquent le but que S. Basile a voulu atteindre en écrivant ce court traité, c'est d'empêcher ses neveux (I, 24 suiv.) « de confier, comme il le dit, le gouvernail de leur pensée » aux auteurs païens, mais aussi de leur conseiller « d'y prendre tout ce qu'ils ont d'utile », à l'exclusion de ce qui peut y être nuisible, donc d'y chercher des leçons de morale ; c'est à quoi l'auteur restreint volontairement son sujet.

Et le résultat qu'il attend pour eux de cette méthode, c'est
la pratique de la vertu. Ses exemples et ses citations, comme
le titre seul suffit à le faire deviner, sont empruntés presque
exclusivement aux auteurs profanes. L'auteur, qui ne les
connaît d'ailleurs parfois que de seconde main, fait un choix
aussi éclectique que varié [1]. Mais il ne cite que les auteurs
utiles à la thèse qu'il défend. Il distingue parmi eux les
poètes, les prosateurs (autres que les philosophes et les
rhéteurs, IV, 29), les rhéteurs auxquels il substituera bientôt
les philosophes (V, 3). Il commence par la poésie; d'abord
la poésie épique avec Homère, surtout l'Homère de l'Odyssée :
épisodes des Sirènes (IV, 11 suiv.), de Nausikaa (V, 28 suiv.),
de Protée (IX, 141 suiv.); Hésiode dont il cite à plusieurs
reprises (I, 15 suiv.; V, 9 suiv.; X, 7 suiv.), les *Œuvres et
les Jours*; la poésie lyrique et élégiaque, avec Théognis (V, 51
suiv.; IX, 109 suiv.), Solon qu'il semble ne connaître qu'à
travers Plutarque (V, 47 suiv.; IX, 106 suiv.), Archiloque
qu'il cite d'après Platon (IX, 134). Par contre la poésie tra-
gique n'est représentée ici que par une citation de l'*Hippolyte*
d'Euripide (VI, 22 suiv.), et par une citation du Rhésos, une
tragédie du Pseudo-Euripide (VII, 16 suiv.). Il est remarquable d'ailleurs que, d'accord, semble-t-il, avec son époque,
S. Basile ne fasse point mention de Sophocle, nomme à peine
Eschyle et soit, comme on vient de le voir, à peine un peu
moins exclusif en ce qui concerne Euripide [2]. Si l'on passe
à la prose, on constate qu'il est sévère pour les rhéteurs qu'il
qualifie de menteurs (IV, 30); les orateurs attiques ne trouvent
pas grâce à ses yeux : il n'en fait même pas mention, pas
plus que dans toute son œuvre, à part une exception en
faveur de Démosthène, et encore est-ce dans une simple lettre
à Candidianos (lettre 3) [3]. Il ne s'étend guère davantage sur
les autres prosateurs, qu'il accuse de forger des contes pour

1. Comp. dans Leo V. Jacks, *St Basil and Greek Literature*
(Washington, 1922, pp. 27 suiv.), les emprunts faits par S. Basile,
dans son œuvre, aux poètes, aux historiens et aux orateurs.
2. Voy. *même ouvr.*, pp. 27-29 et 113.
3. Voy. *même ouvr.*, p. 66.

l'amusement de leurs auditeurs (IV, 29). Du moins nous
montre-t-il, par plus d'une allusion, qu'il est nourri de la
lecture d'Hérodote, à qui il n'emprunte d'ailleurs que des
légendes : ainsi sur les dragons gardiens de trésors (IX, 92
suiv. ; Hérod., IV, 27); sur les fourmis porteuses d'or
(IX, 98 ; Hérod., III, 102); sur les richesses fabuleuses de
Pythios de Mysie (IX, 115; Hérod., VII, 27 suiv.); sur la
longévité merveilleuse d'Arganthonios, roi de Tartessos en
Espagne (X, 15 ; Hérod., I, 163). Et d'autre part, étant donné
le caractère nettement moral de ce traité, on devait présumer
que l'auteur s'inspirerait de Plutarque; c'est d'ailleurs de
Plutarque que les Pères du iv⁰ siècle sont surtout nourris ;
son style bigarré, à métaphores suivies, devient le leur sous
une forme plus oratoire. On s'attendait sans doute à voir
évoquer ce nom à propos de S. Basile et du traité que nous
publions ; car Plutarque a adressé lui-même des conseils aux
jeunes gens *Sur la lecture des poètes*. Or, abstraction faite de
l'allure même d'un entretien qui, par sa familiarité sans
prétentions et sa bonhomie, rappelle assez exactement la
manière ordinaire de Plutarque, on doit constater que
S. Basile n'a guère fait usage de ce traité [1]. En revanche les
points de rencontre entre l'opuscule de S. Basile et les
autres œuvres de Plutarque sont nombreux. Les *Vies Paral-
lèles* et les *Morales* lui ont fourni une bonne partie des
historiettes qui lui servent pour sa démonstration ; ainsi,
l'anecdote relative à Périclès aux prises avec un brutal
(VII, 6 suiv.) est empruntée à la *Vie de Périclès*, c. 5 ; l'exemple
d'Euclide et de sa longanimité (VII, 12 suiv.) est tiré du
traité : *De ira cohibenda*, c. 14, ou du traité : *De fraterno
amore*, c. 18; l'histoire d'Alexandre et des filles de Darius
(VII, 40 suiv.), lui a été fournie par la *Vie d'Alexandre*, c.
21 suiv., ou le *De Alexandri fortuna*, c. 6 (338 DE) ; l'allusion à Diogène et à son mépris des richesses (IX, 112 suiv.)
lui vient du traité : *An vitiositas ad infelicitatem sufficiat*

---

1. Voy. Büttner, *Basilius des Grossen Mahnworte an die Jugend,*
Munich, 1908, pp. 67 suiv.

(499 A) ; le mot de Pythagore, qu'il cite sans le nommer
(X, 26), est tiré de Plutarque, *De exsilio*, c. 8 (602). Et la
conclusion même de cet entretien (X, 33 suiv.) s'inspire,
à n'en pas douter, de cet autre traité de Plutarque, *De profectu in virtute*, c. 11 (81 F)[1] ; et nous n'épuisons pas la
matière.

Néanmoins, la place, faite aux philosophes dans les prédi-
lections de l'auteur et dans son traité, est plus considérable
que celle qu'il accorde aux simples prosateurs et même aux
poètes[2]. D'abord cette philosophie, dans son fond, a un
double caractère : on y trouve en premier lieu un écho des
doctrines cynico-stoïciennes, dont l'auteur s'efforce de
montrer la parenté avec l'enseignement du christianisme[3] :
par exemple le mépris qu'affichait Diogène le Cynique
pour les biens terrestres (Diogène Laërce VI, 72) ; l'exemple
de Zénon, le disciple de Cratès et le fondateur de l'école
stoïcienne, qui considère la vertu comme le seul vrai bien
(*ibid.*, VII, 102) : l'énumération qu'il fait des avantages
terrestres : ζωή, ὑγίεια, ἡδονή, κάλλος, ἰσχύς, πλοῦτος, εὐδοξία,
εὐγένεια, annonce celle qu'on lit dans S. Basile (II, 4 suiv.),
qui était devenue d'ailleurs traditionnelle, et par exemple
s'imposait aux auteurs d'éloge, comme un lieu commun de
sagesse pratique[4]. Il y a plus ; ces philosophes païens désa-
vouent les poètes, et les récits qu'ils font des scandales de
l'Olympe : il n'y aurait pour s'en convaincre qu'à comparer

1. Voy. d'ailleurs le même ouvrage, p. 57.
2. Voy. dans *Historisches Jahrbuch des Görres Gesellschaft*,
vol. 30. 2e liv., un article de C. Weymann : *S. Basilius über die
Lektüre der heidnischen Klassiker*, où, tout en faisant l'éloge de
S. Basile et de son influence sur la renaissance des lettres anciennes
dans les écoles chrétiennes, il exprime cette idée que S. Basile est
plus versé dans l'étude de la philosophie grecque que dans celle de
la poésie.
3. Voy. Büttner, pp. 15 suiv., et voy. aussi Bidez, *ouvr. cité*,
p. 249.
4. Voy. dans *Rhetores Graeci* de Spengel, Théon, Περὶ ἐγκωμίου
καὶ ψόγου, Teubner, II, pp. 109 suiv., et notre édition de Grég.
de Nazianze (coll. Hemmer-Lejay, pp. xvi suiv.).

dans Cicéron, *De natura deorum* (I, 42) le langage que
l'auteur prête au philosophe épicurien C. Velleius et celui
qu'il met sur les lèvres du philosophe stoïcien Qu. Lucilius
Balbus (II, 59 suiv.). De même ils blâment le mensonge :
ainsi le stoïcien Zénon (fr. 148) ; ils recommandent de vivre
conformément à la vertu : ainsi Antisthène, le chef des
Cyniques, cité par Diog. Laërce (VI, 104) ; et c'est sans
doute l'école cynico-stoïcienne qui a suggéré à S. Basile
l'exemple d'Ulysse qu'Homère nous montre sauvé du naufrage, et apparaissant aux yeux de la reine sans autre
parure que sa vertu : αὐτὸν ἀρετῇ ἀντὶ ἱματίων κεκοσμημένον
ἐποίησε (V, 32 suiv.), expression qui, d'après E. Nordén
(*Beiträge zur Geschichte der Griechischen Philosophie, Iahrbb.
f. Klass. Phil.*, suppl. 19, Leipzig 1892 ; p. 383, A 3) ren-
drait « un son tout à fait antisthénien ».

Un second aspect de cette philosophie, c'en est le caractère
populaire. Elle fait des emprunts à ces représentants de la
sagesse pratique, qu'on a nommés les Sept Sages, et dont
les noms ont varié avec les diverses traditions. S. Basile en
cite trois : Bias (X, 9 suiv.), Pittakos (VIII, 63 suiv.) et Solon
(V, 47 suiv., IX, 106 suiv.), trois noms justement qui se
trouvent sur toutes les listes que l'Antiquité nous en a
léguées [1]. De même l'auteur de ce traité recourt volontiers à
des proverbes ; ainsi un proverbe dorien (IV, 53) : τὸν λίθον
ποτὶ τὰν σπάρτον ἄγειν, aligner la pierre au cordeau (*Paroem.
gr.*, Leutsch und Schneidewinn, II, p. 775) ; ailleurs
(IX, 13 suiv.) il en cite trois coup sur coup : εἰς πῦρ ξαίνειν,
carder (de la laine) pour le feu (*Par. Gr.*, I, p. 130) ; κοσκίνῳ
φέρειν ὕδωρ, porter de l'eau dans un crible (*Par. Gr.*, II, 481,
20) ; εἰς τετρημένον ἀντλεῖν πίθον, puiser pour remplir un
tonneau percé (*Par. Gr.*, I, 343) ; et encore (X, 23) : πάντα
λίθον κινεῖν, remuer toute pierre (*Par. Gr.*, I, 293). Enfin,
les lieux communs sont nombreux dans cet entretien sans
prétention ; ainsi ces considérations sur l'instabilité des biens

---

1. Voy. Zeller, *La Philosophie des Grecs*, trad. Boutroux, I,
p. 108, note.

terrestres par comparaison avec la vertu (V, 42 suiv.)[1], sur
la facilité avec laquelle les enfants subissent les impulsions
(V, 5 suiv.) ; cette comparaison de l'abeille, qui ne prend pas
au hasard les éléments dont elle composera le miel (IV, 41
suiv.) ; celle de la rose, que l'on cueille en se gardant des
épines (IV, 48 suiv.) ; celle du polype, qui change de couleur
suivant les milieux où il se trouve (IX, 147) ; et même la
fameuse allégorie, où, d'après le récit de Xénophon (*Mém.*,
II, 1, 21), Prodikos nous montre Héraklès hésitant entre le
Vice et la Vertu (V, 61 suiv.), toutes ces comparaisons, ces anec-
dotes étaient si communément mises en œuvre qu'elles appartenaient en fait à la littérature ou à la philosophie populaire.

S. Basile connaît aussi les grands philosophes ; mais celui
d'entre eux qui, dans ce traité, a manifestement exercé le
plus d'attrait sur lui, c'est Platon. A la vérité on trouve dans
ce traité quelques réminiscences de divers ouvrages de
Platon, surtout du *Phédon* : voy. IX, 4 suiv. (comp.
Phédon, 62 B, 82 D) ; IX, 31 suiv. (comp. *Phédon* 75 et 115) ;
Phèdre : voy. IX, 74 suiv. (comp. *Phèdre* 246 A, 247 B, 253
suiv.) etc. Mais ce qui revient le plus souvent, ce sont des
références à la *République* ; S. Basile est littéralement nourri
de cette lecture : sans parler des simples rencontres d'expression, nous avons pu identifier, comme on verra, une tren-
taine de passages imités par lui dans ce court traité. Mais
la curiosité de S. Basile ne s'arrête ni aux poètes ni aux
moralistes ni aux philosophes ; elle embrasse des œuvres
comme les *Aphorismes* d'Hippocrate (XI, 84 suiv.), et s'étend
peut-être jusqu'à des polygraphes comme Diogène Laërce,
avec qui il semble s'être rencontré plusieurs fois (VII, 48 ;
IX, 15 ; X, 9). On peut dire que cet opuscule fixe, comme
en un raccourci particulièrement suggestif, l'attitude de
S. Basile à l'égard des lettres helléniques.

On voit que l'auteur possède une érudition peu ordinaire,
si elle n'est pas toujours de première main, et qu'il la porte
légèrement. On conçoit que, hors la mise en œuvre de tant

1. Comp. Norden, *Antike Kunstprosa*, p. 276.

de matériaux divers, il y ait assez peu de place dans son travail pour la pensée personnelle. Il faut reconnaître néanmoins qu'on retrouve en plus d'un endroit la vivacité d'imagination, la force de persuasion, la chaleur d'âme qui sont la marque propre de l'écrivain. Il faudrait relire, à ce point de vue, les premières pages de cet opuscule [1], en lire aussi et surtout les dernières : il y a là une profondeur d'accent et de foi d'où jaillit l'éloquence. Ceci dit, il faut avouer que ce traité nous fait à la lecture, un peu l'effet d'une marqueterie : du moins cette marqueterie est-elle « jointe » d'une main experte. Et ce qui achève de concilier à l'auteur les sympathies du lecteur, c'est la simplicité du ton : nulle affectation dans l'entretien, nulle raideur dans la composition ; partout, un laisser-aller aimable, qui s'accommode même des expressions populaires, comme ἐπ᾽ ἄμφω καθεύδειν, dormir sur les deux oreilles (VIII, 56 suiv.) ; et il y en a d'autres ; enfin une habitude presque constante de citer largement ses auteurs : sur ce point les exceptions sont très rares, et saint Basile s'en explique franchement à propos du mythe de Héraklès ; il écrit en propres termes, en parlant de Prodikos : « Voici à peu près son récit, autant que je me rappelle la pensée du personnage ; car pour les mots, je ne les sais pas ; je sais seulement qu'il parle simplement comme ceci, non en vers » (V, 58 suiv.).

On aurait tort après cet aveu, de tenir rigueur à l'écrivain. Il est plus juste de lui savoir gré du service que ce livre « de bonne foi » a rendu aux Lettres chrétiennes, et plus généralement aux Belles-Lettres [2], et il est plus simple de s'abandonner au charme exquis, encore qu'un peu artificiel parfois, que procure aux lettrés la lecture de ces pages, où s'opère en quelque façon sous nos yeux la fusion de deux esprits, de deux pensées, de deux civilisations.

1. Voy. A. Puech, *Hist. de la Litt. Grecque chrétienne*, III, p. 278 ; « Les Belles-Lettres », Paris, 1930.
2. Voy. Delaruelle, *Guillaume Budé*, Paris, 1907, p. 40, note 4.

V

LES MANUSCRITS ET L'ÉTABLISSEMENT DU TEXTE

Le nom de saint Basile se trouve mêlé au premier réveil des Etudes Grecques en France. Guillaume Budé, pour ses débuts, publie (1505) une traduction latine de deux traités de Plutarque et d'une lettre morale de saint Basile à Grégoire de Nazianze[1]. Vers la même date, le traité que nous éditons jouit, dans la traduction latine de Lionardo Bruni[2], d'une grande vogue, et sert en quelque sorte de programme aux partisans des études classiques. Il semble d'ailleurs que ce soit l'une des œuvres de saint Basile le plus fréquemment copiées dès l'origine. Il est donc peu vraisemblable à priori que les manuscrits qui nous en restent, et qui sont répartis entre les diverses bibliothèques, ne proviennent eux-mêmes que de quelques manuscrits, moins encore d'un manuscrit unique, qui daterait de la Renaissance littéraire des IX-Xe siècles. Il nous faudrait donc collationner un nombre considérable de manuscrits, et voir s'ils pourraient se réduire à des familles déjà nettement distinctes à cette époque. D'autre part, nous nous étions, sur le conseil de M. P. Mazon, adressé à Mgr Mercati, l'éminent Préfet de la bibliothèque Vaticane, pour lui demander si nous avions des chances de trouver à la Vaticane un ou des manuscrits plus particulièrement précieux des œuvres de saint Basile ; Mgr Mercati nous suggérait, avec une bonne grâce dont nous lui exprimons notre respectueuse gratitude, l'idée, très opportune assurément, qu'il y aurait avantage à examiner dans l'Italie Méridionale, quelques manuscrits qui viennent de Cappadoce ; on y trouverait notamment un manuscrit des Règles, signalé déjà par le Cardinal Pitra, et provenant lui-même d'un manuscrit de Cappadoce ; il y aurait lieu également de rechercher s'il

---

1. Delaruelle, *G. Budé*, pp. 75-76.
2. *Ibid.*, p. 40, n. 4.

n'existe pas des versions orientales de notre traité. Malheureusement il y a des impossibilités matérielles à l'exécution d'un programme aussi séduisant, d'autant que les manuscrits connus sont très nombreux et qu'ils sont dispersés aux quatre coins de l'horizon. On en compte au moins quatre-vingts[1] ; il y en a à Paris, au Vatican, au mont Athos, à Moscou, Vienne, etc. Rien qu'à la Bibliothèque Nationale, il y en a vingt-six, six de plus que n'en a connu Frémion pour son édition de 1819[2].

Nous avons dû procéder avec un certain empirisme ; d'abord, nous borner aux manuscrits de la Nationale ; ensuite, dans cette richesse surabondante même, faire un choix. Nous avons examiné les vingt-six manuscrits, mais nous nous sommes attaché surtout aux plus anciens, et nous nous sommes réservé de recourir dans les cas utiles aux plus récents, ceux des xive, xve siècles et en-deçà, qui portent des traces manifestes de retouche : les copistes de cette époque ayant voulu, à maintes reprises, mettre le texte rigoureusement d'accord avec la syntaxe attique. Il est évident que seul le dépouillement complet de tous les manuscrits permettrait d'aboutir à un résultat scientifique. Mais dans l'état de dispersion, nous ne disons pas des manuscrits, mais du texte lui-même, — car si l'on peut établir entre tel et tel de ces manuscrits des relations de dépendance, on n'arrive guère à démontrer que ces relations sont étroites, et il n'y a pas deux de ces manuscrits dont la parenté soit manifeste et absolue, — on arrive cependant par un examen attentif des diverses leçons à un classement vraisemblable. Et étant donné le grand nombre et la variété des manuscrits de la Bibliothèque Nationale, on peut croire sans trop de présomption, semble-t-il, que ces conclusions ne s'écartent pas trop de celles auxquelles

1. Voy. Gardthausen, *Griechische Paläographie*, Leipzig, 1879, pp. 430 suiv. ; voy. aussi Bursian, *Jahresbericht für Altertumswissenschaft*, 1898, pp. 208 suiv.

2. Frémion ne connaissait point trois bons manuscrits du fonds Coislin, ceux que nous désignerons sous les sigles X, Y, Z, ni trois autres très récents et, pratiquement, négligeables (a, b, c).

un dépouillement de tous les manuscrits permettrait d'aboutir. Voici la liste de ces manuscrits ; nous les avons collationnés tous et nous les désignons, comme il est d'usage, par un sigle.

Fonds Grec :

476, pp. 435-444, xᵉ s. ; pas de lacunes. . . . . . A

480, pp. 421vᵒ-435, xᵉ s. ; des lacunes : VII, 13 καὶ ἐπώμοσεν ; VII, 38 τὰ ἀγαθὰ.... ἐπαρᾶσθαι ; IX, 104 τῆς.... φορᾶς ; X, 23 λίθον, κατὰ. . . . . . B

481, pp. 52-63, xıᵉ s. ; des lacúnes : IV, 10 ἐκεῖνοι ; IV, 5ο λόγων ; V, 18 ἐκ τοῦ σύνεγγυς ; V, 48 ἀλλ᾽ ; VI, 11 (ἐκεῖ)νος- VII, 32 τουτὶ.. C

482, pp. 239 vᵒ-241, xıᵉ s. ; des lacunes : II, 3 ὅλως οὔτ᾽ὀνομάζομεν ; IV, 22 ἀδελφὸν... πρὸς ; IV, 54 τὰν σπάρτον — VI, 25 ἔσχατος ; VIII, 70 ὑφέξειν οὔ ; IX, 63 φησὶ jusqu'à la fin. . . . . . D

487, pp. 122 vᵒ-132 vᵒ, xıᵉ s. ; des lacunes : II, 13 οὗτος ; II, 35 πάντα ; III, 14 τὴν διάνοιαν ; VIII, 42 κτῆσιν. E

488, pp. 195-208, xııᵉ s. ; une lacune : I, 14 ἔσεσθε. . F

497, pp. 256-267 vᵒ, xᵉ s. ; pas de lacune. . . . . G

498, pp. 262 vᵒ-276 vᵒ, xıᵉ s. ; pas de lacune. . . . H

5οο, pp. 166-172 vᵒ, xıᵉ s. ; incomplet à partir de IX, 142 ὁπότε. I

Fonds Coislin :

C47, 204 vᵒ, xıᵉ s. ; des lacunes : IV, 44 ἐπιπτῶσιν — V, 33 τοσούτου ; VIII, 70 καὶ τιμωρίας ὑφέξειν ; IX, 61 (ὑπεροπ)τέον — IX, 105 καὶ πλείονος. . Y

C48, 216 vᵒ, xᵉ s. ; trois lacunes : V, 39 λέγειν ; V, 45 ἀναφαίρετον καὶ ζῶντι ; VIII, 61 οὔτε σκαπτῆρα. X

C5ο, 44, xıᵉ s. ; des lacunes : III, 15 τούτῳ ; IV, 10 ἐκεῖνοι ; IV, 26 Διός ; V, 13 ὁδός ; VI, 20 μὴ ὅτι — συνάδοντα τὸν ; VIII, 34 ᾧ γε τοσοῦτον — τῆς τέχνης. . . . . Z

C23ο, p. 367, ıxᵉ-xᵉ s. ; des lacunes : II, 2 οὔτ᾽ ἀγαθόν.... οὔτ᾽ὀνομάζομεν ; V, 64 ἢ τὴν ῥᾴστην ; VII, 37 καὶ τῷ... εὔχεσθαι ; IX, 76 καὶ... μεμνῆσθαι. . . V

Ce sont les manuscrits les plus anciens, tous sur parche-
min. Viennent ensuite :

Fonds Grec :

860, 147 v°-162, xiv° s.	**K**
912, 87 suiv., xiv° s.	**L**
962, 325 suiv., xiv° s..	**M**
963, 1 suiv., xv° s..	**N**
1310, 153 suiv., xv° s.	**O**
1773, 269 suiv., xv° s.	**P**
2755, 81 suiv., xv° s..	**R**
2998, 387 suiv., xiii°-xiv° s..	**S**
3021, 55 suiv., xv° s..	**T**
3024, 55 suiv., xv°-xvi° s.	**a**
3044, 22 v° suiv., xv° s.	**U**

Supplément :

697, 53 suiv., xvii° s..	**b**
699, 61 suiv., xviii° s..	**c**

tous sur papier.

L'examen du contenu de ces divers manuscrits ne nous
apporte que des déceptions. Ce sont des florilèges ; les
scribes en ont pris la matière au même fonds à peu près
immuable d'œuvres authentiques ou d'œuvres apocryphes.
Mais ce ne sont pas toujours les mêmes traités qu'ils ont
choisis ; à côté des œuvres de saint Basile, on trouve des
œuvres d'autres auteurs, par exemple de Grégoire de Nazianze,
Grégoire de Nysse, Théodore Studite, Jean Chrysostome, etc.
Et quand le choix des scribes s'est porté sur les mêmes discours, ils ne les ont pour ainsi dire jamais groupés dans le
même ordre. Ce travail d'exploration ne nous a donc pas
donné d'indication utile pour le classement des manuscrits.

Reste l'étude comparée des textes ; à cet égard encore il
suffit d'un bref examen pour constater que tous ces manuscrits n'ont entre eux que des rapports très lâches. Il n'y en a
que trois qui soient sans lacunes, à savoir A, G et H ; F

en a une ; I, dans ce qui nous est demeuré de son texte,
n'a pas de lacune, mais il est incomplet. Tous les autres ont
des lacunes nombreuses ; et, chose déconcertante, ces lacunes
ne coïncident jamais. Parmi les plus anciens de ces manuscrits, nous distinguons, par ordre d'affinités et aussi d'importance, les groupes EGH, ABCDFX, IVYZ. Les autres,
beaucoup plus récents, ont été, comme nous l'avons dit,
remaniés à maints endroits ; de plus ils n'apportent rien d'intéressant pour l'établissement du texte.

Et d'abord, la comparaison de ces divers manuscrits nous
incline à mettre à part le groupe EGH, qui représente une
tradition nettement distincte. Voyez pour EGH : V, 55 ; VIII,
21 ; on les retrouve encore, associés à d'autres manuscrits :
ainsi III, 17 ; IV, 5 ; IV, 36 etc. ; pour EH : I, 21 ; pour
GH : II, 43 ; IX, 146 et 149. C'est H qui apparaît le plus
sûr, celui qui présente ordinairement les meilleures leçons
et les plus rares : voy. I, 21 ; II, 23 ; VII, 7 et 8 ; IX, 21 ;
IX, 47 etc. Il y a des cas où H représente une tradition
moins bonne : par ex. IX, 14 et 39 etc., mais ces cas sont
les moins nombreux.

Nous avons vu que G est du xe siècle, que d'autre part E
et H sont du xie siècle ; G ne peut donc venir ni de E ni
de H. On pourrait se demander si EH ne viennent pas de G.
On constate des leçons communes à G et H : II, 43 ; IX,
146 ; IX, 149 et même VII,13 ; mais aussi des divergences,
et en plus grand nombre ; ainsi I, 21 ; VII, 7 ; IX, 5 ; IX, 21 ;
IX, 39 ; IX, 79. Donc H n'est pas une copie de G.

D'autre part, il y a des leçons communes à G et E : V, 55 ;
VII, 8 ; VIII, 21 ; IX, 5 ; IX, 21 ; IX, 39 ; mais en même
temps des divergences : I, 21 ; II, 43 ; VII, 13 ; VII, 43 ;
IX, 47 etc. ; E n'est donc pas non plus une copie de G.

Enfin E et H ont entre eux beaucoup plus de leçons
communes que de divergences ; voy. par exemple I, 8 ; I, 21 ;
II, 23 ; III, 17 ; IV, 5 ; IV, 36 ; IV, 53 ; V, 30 ; V, 55 ;
VII, 8 etc. ; et ils ont aussi beaucoup de leçons communes
avec G : ainsi I, 8 ; II, 23 ; III, 17 ; IV, 36 etc.

Le résultat de ces constatations, c'est, semble-t-il, que

EGH viendraient d'un archétype (x), qui aurait contenu au moins toutes les leçons communes à EGH. G serait arrivé à nous en passant par un ou plusieurs intermédiaires, d'ailleurs singulièrement ignorants ou négligents ; E et H, en passant par un intermédiaire (y), qui aurait contenu toutes les leçons qu'on trouve dans E et H, ce dernier codex apparaissant comme nettement le meilleur.

Le deuxième groupe est formé des manuscrits ABCDFX. De ce groupe se détachent A et X, qui appartiennent à des traditions très voisines. D'abord, ils sont parfois seuls à représenter un état du texte : ainsi III, 17 ; VIII, 25 ; IX, 84. Parfois ils se trouvent associés à un autre codex : ainsi on trouve AFX : VII, 8 ; AGX : VII, 43. Et il faut noter qu'à part de très rares exceptions, par ex. VII, 30, A et X sont toujours et partout d'accord. Ces deux manuscrits sont contemporains ; mais A n'a pas de lacunes, X en a deux. Donc A ne peut venir de X. Il est vraisemblable qu'ils descendent d'un ancêtre commun (z). Au reste, s'ils sont étroitement apparentés, ils offrent un texte manifestement altéré. A part des leçons, telles que VII, 43, il n'y aura pas lieu d'en faire grand état.

A côté de cela, BCDF sont souvent d'accord entre eux : voy. I, 8 ; I, 21 ; II, 43 ; IV, 54 ; V, 30 (D lacune), V, 55 (D lacune), etc.

B est le plus ancien (xᵉ s.) et il a des lacunes : voy. VII, 13 ; VII, 38 ; IX, 104 ; X, 23 ; C et D sont du xiᵉ siècle, et ont des lacunes plus nombreuses encore, mais qui ne concordent jamais, ni entre elles, ni avec celles de B. Il en va de même de F, qui est du xiiᵉ siècle, et n'a à la vérité qu'une lacune. Donc ni C ni D ni F ne peuvent être des copies de B.

Les ressemblances que nous avons notées entre eux, de même que les divergences, laissent supposer que ces divers manuscrits sont issus d'un prototype commun, contenant les leçons de ces divers manuscrits, et diversement altéré ensuite par les intermédiaires plus ou moins nombreux qui ont pu s'interposer entre le texte et nous.

Mais BCDF, qui ont beaucoup de leçons communes entre
eux, comme on a vu, en ont également un certain nombre,
encore qu'un peu moins élevé, avec AX ; ainsi I, 8 ; I, 21 ;
II, 43 ; IV, 54 (D lacune) ; V, 30 (D lacune) ; V, 55 (D
lacune) ; VII, 13 (C lacune). On en conclura que ABCDFX
remontent à une origine commune, mais ne sont parvenus
jusqu'à nous que par un ou plusieurs intermédiaires.

Ces divers manuscrits, apparentés entre eux, nous fourni-
ront quelques leçons qui renforceront l'autorité des manuscrits principaux, ou qui y suppléeront : ainsi CD : IX, 10 ;
mais surtout F : VI, 16 ; VII, 7 ; IX, 39 ; IX, 47 ; IX, 79 ;
il arrive même une fois, que F soit seul à donner la bonne
leçon : VIII, 62.

Le troisième groupe des manuscrits est formé de IVYZ.
Ces manuscrits sont très souvent d'accord entre eux ; voy.
par exemple I, 8 ; I, 21 ; II, 23 ; II, 43 ; III, 18 ; IV, 25 ;
IV, 54 ; V, 30 etc. V est le plus ancien (IXᵉ-Xᵉ s.), mais copié
par un scribe ignorant et peu soigneux, il fourmille de fautes,
d'omissions même de phrases ou membres de phrase : on y
relève cinq lacunes, un texte différent[1]. On ne retrouve rien
de tout cela dans IYZ, tous trois du XIᵉ siècle. Donc IYZ ne
peuvent venir de V.

Quant à IYZ, le meilleur des trois est incontestablement I,
mais il est incomplet à partir de IX, 142. Les deux autres, à
savoir YZ, ont tous deux des lacunes assez nombreuses, mais
qui ne concordent jamais, comme il arrive pour tous ces
manuscrits. Il faut encore supposer que ces quatre manuscrits, en raison de leurs ressemblances nombreuses, viennent
d'une source commune, après avoir passé toutefois par un ou
plusieurs intermédiaires : ce qui expliquerait leurs divergences. Ces manuscrits représentent parfois la bonne tradition : ainsi VI, 16 ; VII, 8 ; VIII, 25 ; IX, 47, mais dans ce
cas, c'est qu'ils se rencontrent avec les manuscrits du premier
groupe.

1. En revanche, on y trouve d'excellentes leçons, notamment
VII, 8 ; IX, 21 ; IX, 47.

Si l'on poursuivait un peu l'étude comparée de tous ces manuscrits, on percevrait assez aisément les rapports qui relient entre eux les deux derniers groupes : ABCDFX et IVYZ : voy. par exemple I, 8 ; I, 21 ; II, 43 ; IV, 54 (DY lacune); V, 30 (DY lacune) etc. Ce qui fait qu'au total, on pourrait classer les treize manuscrits plus anciens, que nous avons étudiés, en deux groupes, l'un EGH qui fera autorité ; l'autre, moins sûr, se rencontre parfois néanmoins avec le premier, et parfois même supplée à son insuffisance, en nous fournissant la bonne leçon.

Ces conclusions sont un peu vagues ; elles ne sont que provisoires et ne pouvaient pas ne pas l'être, si l'on se rappelle que les manuscrits examinés par nous ne représentent qu'une infime partie des manuscrits intéressant notre traité. Il semble pourtant qu'elles soient suffisantes pour nous permettre d'établir un texte qui ait des chances de représenter avec fidélité la pensée de l'auteur.

En résumé, les manuscrits utilisés de façon ordinaire dans l'établissement du texte sont les treize manuscrits suivants : ABCDEFGHIVXYZ. Si l'un ou l'autre de ces manuscrits n'est pas cité dans l'apparat critique, c'est en raison d'une lacune dans le texte de ce ou de ces manuscrits. Pour les manuscrits plus récents, c'est-à-dire KLMNOPRSTaUbc, on ne les cite qu'exceptionnellement, et quand une de leurs leçons a paru présenter de l'intérêt pour la tradition et pour l'établissement du texte. Enfin, dans l'apparat critique, les leçons que ne suit pas un sigle de manuscrit, se trouvent dans tous les exemplaires collationnés, à l'exception de ceux qui sont signalés expressément.

TEXTE ET TRADUCTION

AUX JEUNES GENS
SUR LA MANIÈRE DE TIRER PROFIT
DES LETTRES HELLÉNIQUES

———

I Il y a bien des motifs qui m'engagent à vous donner,
mes enfants, des conseils que je juge excellents, et qu'il vous
sera profitable de suivre, j'en ai la confiance.

L'âge où me voici arrivé, les mille épreuves qui m'ont
jusqu'à présent exercé, bien plus cette école où l'on apprend
tout, celle des vicissitudes, dont j'ai eu ma bonne part,
tout cela m'a donné l'expérience des choses humaines et me
permet d'indiquer, peut-on dire, à ceux qui commencent
à établir leur vie* la route la plus sûre; et en même temps,
par les liens de la nature, je viens pour vous immédiatement
après vos parents, si bien que de mon côté je ne le cède pas
à vos père et mère pour la sympathie que je vous porte, et
quant à vous, je crois — si je ne m'abuse pas sur votre pensée
— que vous ne regrettez pas l'absence de ceux qui vous ont
mis au monde, quand vous tournez les yeux vers moi. Si
donc vous êtes empressés à accueillir mes paroles, vous
appartiendrez à la deuxième classe de ceux qui sont loués
dans Hésiode [1]; sinon, je ne voudrais rien dire de fâcheux*,
mais vous-mêmes vous vous souvenez évidemment des vers où
il dit que si le premier degré consiste à voir de soi-même tout
le devoir, il est bien aussi de suivre les enseignements d'autrui;

1. Voy. les *OEuvres et les Jours*, 293 suiv., et comp. Julien
disc. VIII, 245 A.

ΠΡΟΣ ΤΟΥΣ ΝΕΟΥΣ
ΟΠΩΣ ΑΝ ΕΞ ΕΛΛΗΝΙΚΩΝ
ΩΦΕΛΟΙΝΤΟ ΛΟΓΩΝ

I Πολλά με τὰ παρακαλοῦντά ἐστι συμβουλεῦσαι ὑμῖν,
ὦ παῖδες, ἃ βέλτιστα εἶναι κρίνω, καὶ ἃ συνοίσειν ὑμῖν
ἑλομένοις πεπίστευκα. Τό τε γὰρ ἡλικίας οὕτως ἔχειν,
καὶ τὸ διὰ πολλῶν ἤδη γεγυμνάσθαι πραγμάτων, καὶ μὴν
καὶ τὸ τῆς πάντα παιδευούσης ἐπ᾽ ἄμφω μεταβολῆς   5
ἱκανῶς μετασχεῖν, ἔμπειρόν με εἶναι τῶν ἀνθρωπίνων
πεποίηκεν, ὥστε τοῖς ἄρτι καθισταμένοις τὸν βίον ἔχειν
ὥσπερ ὁδοῦ τὴν ἀσφαλεστάτην ὑποδεικνύναι· τῇ τε παρὰ
τῆς φύσεως οἰκειότητι εὐθὺς μετὰ τοὺς γονέας ὑμῖν
τυγχάνω, ὥστε μήτ᾽ αὐτὸς ἔλαττόν τι πατέρων εὐνοίας   10
νέμειν ὑμῖν, ὑμᾶς δὲ νομίζω, εἰ μή τι ὑμῶν διαμαρτάνω
τῆς γνώμης, μὴ ποθεῖν τοὺς τεκόντας, πρὸς ἐμὲ βλέπον-
τας. Εἰ μὲν οὖν προθύμως δέχοισθε τὰ λεγόμενα, τῆς
δευτέρας τῶν ἐπαινουμένων ἔσεσθε παρ᾽ Ἡσιόδῳ τάξεως·
εἰ δὲ μή, ἐγὼ μὲν οὐδὲν ἂν εἴποιμι δυσχερές, αὐτοὶ δὲ   15
μέμνησθε τῶν ἐπῶν δηλονότι, ἐν οἷς ἐκεῖνός φησιν
ἄριστον μὲν εἶναι τὸν παρ᾽ ἑαυτοῦ τὰ δέοντα συνορῶντα,

Titulus : Post nomen auctoris ὁμιλία add. DEXZ, λόγος add. OR ∥
πρὸς DFGHIYZ : εἰς ABCEVX.
I 8 ὁδοῦ [cf. Plat. *Resp.* 416 b, τὴν μεγίστην τῆς εὐλαβείας] : ὁδῶν
L²NPRT ∥ 11 τι ὑμῶν διαμαρτάνω τῆς γνώμης : τι ἄρα τῆς ἀληθείας
μὴ ἁμαρτάνω G ∥ 15 ἂν om. E.

mais que n'être capable ni de l'un ni de l'autre, c'est être
impropre à tout. Ne vous étonnez point, qu'allant chaque jour
à l'école et ayant commerce, par l'intermédiaire des œuvres
qu'ils ont laissées, avec les esprits illustres de l'antiquité,
que vous m'entendiez prétendre avoir trouvé de mon fonds
quelque accroissement d'utilité. C'est qu'effectivement, je suis
venu vous donner le conseil de ne pas, une fois pour toutes,
abandonner à ces hommes, pas plus que d'une barque, le
gouvernail de votre pensée*, ni de les suivre par où ils vous
mèneront, mais, n'acceptant d'eux que ce qu'ils ont d'utile,
de savoir ce qu'il faut aussi laisser de côté. Qu'est-ce à dire,
et comment procéder à ce choix? Voilà aussi ce dont je vais
vous instruire sans plus tarder*.

II   Nous autres, mes enfants, nous considérons comme
absolument sans valeur cette vie humaine, et nous ne regar-
dons pas du tout comme un bien, ni n'appelons de ce nom
un objet dont l'utilité pour nous se limite à cette vie. Dès
lors, ni l'éclat de la naissance [1], ni la force physique, ni la
beauté, ni la taille, ni les hommages du monde entier, ni la
royauté même, ni tout ce qu'on pourrait désigner parmi les
choses humaines, rien de cela n'est grand, ni même digne
d'être souhaité, à notre avis, et ceux qui les possèdent n'at-
tirent pas nos regards; nous portons plus loin nos espérances, et c'est en vue de nous préparer à une autre vie que
nous accomplissons toutes nos actions [2]. Ce qui peut nous
être utile pour cette vie-là, nous disons qu'il faut l'aimer et
le rechercher de toutes nos forces; et ce qui n'y aboutit pas,
le négliger comme une non-valeur. Ce qu'est cette vie, où et
comment nous la vivrons, il faudrait plus de temps que mon
dessein présent n'en comporte pour en décider, et des audi-

1. Cette énumération est un lieu commun dont l'usage est tradi-
tionnel chez les auteurs d'éloges; voy. plus haut, p. 29, et cp. mon
étude sur *Julien et la rhétorique grecque*, dans *Mélanges de philologie et
d'histoire* (fasc. XXXII des *Mémoires et travaux... des Facultés catholiques de Lille*, 1927; pp. 17 suiv.). Voy. aussi Platon, *Rép.*, 491 c.
2. Allusion à S. Matthieu 6, 33.

ἐσθλὸν δὲ κἀκεῖνον τὸν τοῖς παρ᾽ ἑτέρων ὑποδειχθεῖσιν
ἑπόμενον, τὸν δὲ πρὸς οὐδέτερον ἐπιτήδειον ἀχρεῖον εἶναι
πρὸς ἅπαντα. Μὴ θαυμάζετε δὲ εἰ καθ᾽ ἑκάστην ἡμέραν 10
εἰς διδασκάλου φοιτῶσι, καὶ τοῖς ἐλλογίμοις τῶν παλαιῶν
ἀνδρῶν δι᾽ ὧν καταλελοίπασι λόγων συγγινομένοις ὑμῖν,
αὐτός τι παρ᾽ ἐμαυτοῦ λυσιτελέστερον ἐξευρηκέναι φημί.
Τοῦτο μὲν οὖν αὐτὸ καὶ συμβουλεύσων ἥκω, τὸ μὴ δεῖν
εἰς ἅπαξ τοῖς ἀνδράσι τούτοις, ὥσπερ πλοίου τὰ πηδάλια 25
τῆς διανοίας ὑμῶν παραδόντας, ᾗπερ ἂν ἄγωσι, ταύτῃ
συνέπεσθαι, ἀλλ᾽ ὅσον ἐστὶ χρήσιμον αὐτῶν δεχομένους,
εἰδέναι τί χρὴ καὶ παριδεῖν. Τίνα οὖν ἐστι ταῦτα καὶ
ὅπως διακρινοῦμεν, τοῦτο δὴ καὶ διδάξω ἔνθεν ἑλών.

II Ἡμεῖς, ὦ παῖδες, οὐδὲν εἶναι χρῆμα παντάπασι
τὸν ἀνθρώπινον βίον τοῦτον ὑπολαμβάνομεν, οὔτ᾽ ἀγαθόν
τι νομίζομεν ὅλως, οὔτ᾽ ὀνομάζομεν, ὃ τὴν συντέλειαν
ἡμῖν ἄχρι τούτου παρέχεται. Οὐκοῦν οὐ προγόνων περι-
φάνειαν, οὐκ ἰσχὺν σώματος, οὐ κάλλος, οὐ μέγεθος, οὐ 5
τὰς παρὰ πάντων ἀνθρώπων τιμάς, οὐ βασιλείαν αὐτήν,
οὐχ ὅ τι ἂν εἴποι τις τῶν ἀνθρωπίνων, μέγα, ἀλλ᾽ οὐδ᾽
εὐχῆς ἄξιον κρίνομεν, ἢ τοὺς ἔχοντας ἀποβλέπομεν, ἀλλ᾽
ἐπὶ μακρότερον πρόϊμεν ταῖς ἐλπίσι, καὶ πρὸς ἑτέρου βίου
παρασκευὴν ἅπαντα πράττομεν. Ἃ μὲν οὖν ἂν συντελῇ 10
πρὸς τοῦτον ἡμῖν, ἀγαπᾶν τε καὶ διώκειν παντὶ σθένει
χρῆναί φαμεν, τὰ δ᾽ οὐκ ἐξικνούμενα πρὸς ἐκεῖνον ὡς
οὐδενὸς ἄξια παρορᾶν. Τίς δὴ οὖν οὗτος ὁ βίος καὶ ὅπῃ
καὶ ὅπως αὐτὸν βιωσόμεθα, μακρότερον μὲν ἢ κατὰ τὴν
παροῦσαν ὁρμὴν ἐφικέσθαι, μειζόνων δὲ ἢ καθ᾽ ὑμᾶς 15

21 διδασκάλου EHPT: -λους ceteri, Sinner; cf. codd. Juliani ad
351 A et 352 C.
II 1 εἶναι χρῆμα DEGHIVX (ex χρῃ) Y : εἶναι χρὴ ABF, εἶναι
CZ (sed rasura sequitur); uncis χρῆμα fortasse secludendum ; cf. 13
‖ 2 βίον τοῦτον : τοῦτον βίον HI ‖ 4 οὐκοῦν οὐ GH : οὔκουν ‖ 6
παρὰ πάντων ἀνθρώπων : παρὰ πάντων B, πάντων ἀνθρώπων E, παρ᾽
ἀνθρώπων G ‖ 8 ἄξιον : ἄξιον εἶναι GH.

teurs d'un âge plus avancé pour l'entendre. Toutefois ce que
je viens d'en dire peut suffire à vous prouver que toute la
somme des félicités depuis qu'il y a des hommes, à les
embrasser par la pensée pour n'en faire qu'un tout, ne se
trouvera même pas comparable à une infime partie de ces
biens-là ; et au contraire que du moindre d'entre eux,
l'ensemble des biens de ce monde est plus éloigné en dignité
que l'ombre et le rêve ne sont distancés par la réalité ; ou
plutôt, pour mettre plus de justesse dans mon exemple, la
supériorité de valeur, à tous points de vue, de l'âme sur le
corps est la mesure même de la différence des deux vies.

C'est à cette vie que nous conduisent les Saints Livres par
l'enseignement des mystères. Mais en attendant que l'âge
nous permette de pénétrer dans la profondeur de leur sens,
c'est sur d'autres livres qui n'en sont pas entièrement diffé-
rents, comme sur des ombres et des miroirs, que nous nous
exerçons par l'œil de l'âme*, à l'imitation de ceux qui se pré-
parent au métier des armes, et qui, ayant acquis de l'habi-
leté dans la gesticulation et la danse, au jour du combat
recueillent le fruit de leurs jeux. Eh bien ! nous aussi nous
devons penser qu'un combat[1] nous est proposé, le plus grand
de tous les combats ; qu'en vue de lui, il nous faut tout faire,
il nous faut tout souffrir, dans la mesure de nos forces, pour
nous y préparer ; poètes, historiens, orateurs, tous les hommes,
il faut avoir commerce avec tous ceux de qui il peut résulter
quelque utilité pour le soin de notre âme. De même donc
que les teinturiers[2] commencent par faire subir certaines pré-
parations à l'objet quelconque destiné à recevoir la teinture,
et ensuite y appliquent la couleur soit de pourpre, soit une
autre, de la même façon nous aussi, si nous voulons que
demeure indélébile notre idée du bien, nous demanderons
donc à ces sciences du dehors* une initiation préalable, et
alors nous entendrons les saints enseignements des mystères ;

1. Voy. Platon, *Rép.*, 608 B. Comp. dans S. Paul, *Hebr.*, XII, 1 ;
I *Cor.*, IX, 25 ; et voy. plus loin à VIII, 55.
2. Voy. Platon, *Rép.*, 429 DE, réminiscence en partie littérale.
Comp. aussi Jamblique, *Vie de Pythagore*, XVII, 76.

ἀκροατῶν ἀκοῦσαι. Τοσοῦτόν γε μὴν εἰπὼν ἱκανῶς ἂν
ἴσως ὑμῖν ἐνδειξαίμην ὅτι πᾶσαν ὁμοῦ τὴν ἀφ᾽ οὗ
γεγόνασιν ἄνθρωποι τῷ λόγῳ τις συλλαβὼν καὶ εἰς ἓν
ἀθροίσας εὐδαιμονίαν οὐδὲ πολλοστῷ μέρει τῶν ἀγαθῶν
ἐκείνων εὑρήσει παρισουμένην, ἀλλὰ πλεῖον τοῦ ἐν ἐκείνοις 20
ἐλαχίστου τὰ σύμπαντα τῶν τῇδε καλῶν κατὰ τὴν ἀξίαν
ἀφεστηκότα ἢ καθ᾽ ὅσον σκιὰ καὶ ὄναρ τῶν ἀληθῶν ἀπολεί-
πεται. Μᾶλλον δέ, ἵν᾽ οἰκειοτέρῳ χρήσωμαι τῷ παραδείγ-
ματι, ὅσῳ ψυχὴ τοῖς πᾶσι τιμιωτέρα σώματος, τοσούτῳ
καὶ τῶν βίων ἑκατέρων ἐστὶ τὸ διάφορον. 25
Εἰς δὴ τοῦτον ἄγουσι μὲν Ἱεροὶ Λόγοι, δι᾽ ἀπορρήτων
ἡμᾶς ἐκπαιδεύοντες. Ἕως γε μὴν ὑπὸ τῆς ἡλικίας
ἐπακούειν τοῦ βάθους τῆς διανοίας αὐτῶν οὐχ οἷόν τε,
ἐν ἑτέροις οὐ πάντη διεστηκόσιν, ὥσπερ ἐν σκιαῖς τισι
καὶ κατόπτροις, τῷ τῆς ψυχῆς ὄμματι τέως προγυμναζό- 30
μεθα, τοὺς ἐν τοῖς τακτικοῖς τὰς μελέτας ποιουμένους
μιμούμενοι· οἵ γε, ἐν χειρονομίαις καὶ ὀρχήσεσι τὴν
ἐμπειρίαν κτησάμενοι, ἐπὶ τῶν ἀγώνων τοῦ ἐκ τῆς παιδιᾶς
ἀπολαύουσι κέρδους. Καὶ ἡμῖν δὴ οὖν ἀγῶνα προκεῖσθαι
πάντων ἀγώνων μέγιστον νομίζειν χρεών, ὑπὲρ οὗ πάντα 35
ποιητέον ἡμῖν καὶ πονητέον εἰς δύναμιν ἐπὶ τὴν τούτου
παρασκευήν, καὶ ποιηταῖς καὶ λογοποιοῖς καὶ ῥήτορσι καὶ
πᾶσιν ἀνθρώποις ὁμιλητέον ὅθεν ἂν μέλλῃ πρὸς τὴν τῆς
ψυχῆς ἐπιμέλειαν ὠφέλειά τις ἔσεσθαι. Ὥσπερ οὖν οἱ
δευσοποιοί, παρασκευάσαντες πρότερον θεραπείαις τισὶν 40
ὅ τι ποτ᾽ ἂν ᾖ τὸ δεξόμενον τὴν βαφήν, οὕτω τὸ ἄνθος
ἐπάγουσιν, ἄν τε ἁλουργόν, ἄν τέ τι ἕτερον ᾖ· τὸν αὐτὸν
δὴ καὶ ἡμεῖς τρόπον, εἰ μέλλει ἀνέκπλυτος ἡμῖν ἡ τοῦ
καλοῦ παραμένειν δόξα, τοῖς ἔξω δὴ τούτοις προτελε-
σθέντες, τηνικαῦτα τῶν ἱερῶν καὶ ἀπορρήτων ἐπακουσόμεθα 45

19 μέρει τῶν : μέρει τῷ μεγέθει τῶν GH || 22 ἀληθῶν : ἀληθινῶν GI
|| 23 τῷ om. ABCDX || 27 ἡμᾶς : δογμάτων ἡμᾶς G, ἡμᾶς δογμάτων
H || 43 μέλλει Sinner : μέλλοι codd. omnes || ἡμῖν : ἡμῖν ἅπαντα τὸν
χρόνον GH || 45 ἐπακουσόμεθα : ἐπακουσώμεθα EH.

et pour nous être habitués à voir le soleil dans l'eau[1], nous fixerons sur la vraie lumière notre regard.

III S'il y a une affinité mutuelle entre les deux doctrines, il peut y avoir utilité pour nous à les connaître ; s'il n'y en a pas, du moins le parallèle, en nous montrant la différence, ne servira pas peu à nous raffermir dans la meilleure. Mais à quoi comparer ces deux enseignements pour en avoir une juste image ? Voici. Comme un arbre a pour vertu propre de se couvrir de fruits dans la saison, mais tire aussi quelque parure des feuilles qui s'agitent autour de ses branches, ainsi, pour l'âme, ce qui est le fruit essentiel c'est la vérité ; toutefois il y a de la grâce à l'envelopper même de sagesse profane, comme de feuilles procurant tout ensemble un abri au fruit et un spectacle qui n'est pas hors de saison. Ainsi, dit-on, le grand Moïse lui-même, tant renommé chez tous les hommes* pour sa sagesse, exerça sa pensée dans les sciences de l'Egypte[2] avant d'en venir à la contemplation de l'Etre*. Pareillement à lui, et dans les siècles postérieurs, le sage Daniel à Babylone[3], à ce que l'on raconte, s'instruisit dans la science chaldéenne avant d'aborder l'étude des choses divines.

IV Qu'il y ait donc de l'utilité pour l'âme dans ces sciences du dehors, c'est ce qui a été dit suffisamment ; mais quelle part il vous faut en prendre, c'est ce qu'il convient maintenant de dire. D'abord les écrits des poètes, pour commencer par là ; comme ils sont des plus variés dans leurs récits, il ne faut pas, à tous, indistinctement appliquer son esprit. Quand ce sont des hommes de bien dont ils vous rapportent les actions ou les paroles, il faut les aimer, les imiter et faire le plus d'efforts possible pour leur ressembler ; mais quand leur imitation se porte sur des personnages vicieux, il

---

1. Voy. Platon, *Rép.*, 516 B ; Plutarque, *De aud. poetis*, c. 14, p. 36 E, et comp. Büttner, *ouv. cité*, p. 17.
2. Acte des Apôtres, VII, 22.
3. Voy. *Anc. Test., Daniel*, I, 4-5.

παιδευμάτων· καὶ οἷον ἐν ὕδατι τὸν ἥλιον ὁρᾶν ἐθισθέντες οὕτως αὐτῷ προσβαλοῦμεν τῷ φωτὶ τὰς ὄ ῃεις.

III Εἰ μὲν οὖν ἔστι τις οἰκειότης πρὸς ἀλλήλους τοῖς λόγοις, προὕργου ἂν ἡμῖν αὐτῶν ἡ γνῶσις γένοιτο· εἰ δὲ μή, ἀλλὰ τό γε παράλληλα θέντας καταμαθεῖν τὸ διάφορον οὐ μικρὸν εἰς βεβαίωσιν τοῦ βελτίονος. Τίνι μέντοι καὶ παρεικάσας τῶν παιδεύσεων ἑκατέραν, τῆς εἰκόνος ἂν 5 τύχοις; Ἧπου καθάπερ φυτοῦ οἰκεία μὲν ἀρετὴ τῷ καρπῷ βρύειν ὡραίῳ, φέρει δέ τινα κόσμον καὶ φύλλα τοῖς κλάδοις περισειόμενα· οὕτω δὴ καὶ ψυχῇ προηγουμένως μὲν καρπὸς ἡ ἀλήθεια, οὐκ ἄχαρί γε μὴν οὐδὲ τὴν θύραθεν σοφίαν περιβεβλῆσθαι, οἷόν τινα φύλλα σκέπην τε τῷ 10 καρπῷ καὶ ὄψιν οὐκ ἄωρον παρεχόμενα. Λέγεται τοίνυν καὶ Μωϋσῆς ἐκεῖνος ὁ πάνυ, οὗ μέγιστόν ἐστιν ἐπὶ σοφίᾳ παρὰ πᾶσιν ἀνθρώποις ὄνομα, τοῖς Αἰγυπτίων μαθήμασιν ἐγγυμνασάμενος τὴν διάνοιαν, οὕτω προσελθεῖν τῇ θεωρίᾳ Τοῦ ὄντος. Παραπλησίως δὲ τούτῳ, κἂν τοῖς κάτω 15 χρόνοις, τὸν σοφὸν Δανιὴλ ἐπὶ Βαβυλῶνός φασι τὴν Χαλδαίων σοφίαν καταμαθόντα, τότε τῶν θείων ἅψασθαι παιδευμάτων.

IV Ἀλλ᾽ ὅτι μὲν οὐκ ἄχρηστον ψυχαῖς μαθήματα τὰ ἔξωθεν δὴ ταῦτα ἱκανῶς εἴρηται· ὅπως γε μὴν αὐτῶν μεθεκτέον ὑμῖν ἑξῆς ἂν εἴη λέγειν. Πρῶτον μὲν οὖν τοῖς παρὰ τῶν ποιητῶν, ἵν᾽ ἐντεῦθεν ἄρξωμαι, ἐπεὶ παντοδαποί τινές εἰσι κατὰ τοὺς λόγους, μὴ πᾶσιν ἐφεξῆς προσέχειν 5 τὸν νοῦν, ἀλλ᾽ ὅταν μὲν [τὰς] τῶν ἀγαθῶν ἀνδρῶν πράξεις ἢ λόγους ὑμῖν διεξίωσιν, ἀγαπᾶν τε καὶ ζηλοῦν, καὶ ὅτι μάλιστα πειρᾶσθαι τοιούτους εἶναι, ὅταν δὲ ἐπὶ μοχθηροὺς

III 6 τῷ καρπῷ: τὸ τῷ καρπῷ V, τὸ καρπῷ Y ‖ 11 τοίνυν: τοι EHVYZ, μέντοι G ‖ 16 τὴν Χαλδαίων σοφίαν : τὴν σοφίαν Χαλδαίων BCD, τὴν σοφίαν τῶν Χαλδαίων AX.
IV 5 κατὰ τοὺς λόγους om. DIVYZ ‖ 6 τὰς delendum videtur.

faut éviter ces exemples en vous bouchant les oreilles, tout
comme Ulysse, ainsi qu'ils le racontent, devant les chants
des Sirènes[1]. Car l'accoutumance aux paroles mauvaises est
comme un acheminement aux actes. Voilà pourquoi il faut
faire toute diligence pour garder notre âme[2], de peur que
l'attrait du langage ne nous fasse admettre à notre insu des
principes mauvais, comme pour ceux qui avalent le poison
avec le miel[3]. Nous ne louerons donc pas les poètes en toutes
choses ; nous ne les louerons ni quand ils injurient, ni quand
ils raillent, ni quand ils représentent des scènes d'amour ou
d'ivresse, ni quand ils font tenir dans une table chargée et
des chants lascifs les bornes du bonheur. Moins encore prê-
terons-nous attention à leurs récits sur les dieux*, et surtout
quand ils parlent de plusieurs dieux, et qui ne sont même
pas d'accord. Car le frère chez eux est en dissension avec son
frère, un père avec ses enfants, et ceux-ci à leur tour font à
leurs parents une guerre implacable*. Pour les adultères des
dieux, ces amours, ces commerces au grand jour, et notamment du maître de tout le chœur, de Zeus, le dieu suprême,
comme ils disent eux-mêmes, choses que même en parlant
des bêtes on ne conterait pas sans rougir, nous les abandon-
nerons aux gens de théâtre*. J'en peux dire tout autant aussi
des prosateurs*, et surtout lorsqu'ils forgent des contes pour
le divertissement des lecteurs. Chez les orateurs non plus,
nous n'imiterons l'art du mensonge*: ni au tribunal, ni dans
les autres affaires il ne nous convient de mentir, car c'est la
voie droite et vraie dont nous avons fait choix pour notre vie,
nous à qui notre loi interdit les procès*. En revanche chez
eux* nous prendrons de préférence ce qu'ils ont dit à l'éloge
de la vertu ou au décri du vice. Car de même que les fleurs*
ne donnent au reste des créatures que la jouissance de leur
parfum ou de leur coloris, mais qu'aux abeilles il appartient

1. Voy. *Od.*, XII, 39 suiv., 154 suiv.
2. Comp. le *Livre des Proverbes*, IV, 23 : πάσῃ φυλακῇ τέρει σὴν
καρδίαν.
3. Comp. Platon, *Lois*, II ; 659 E suiv., et pour l'image, Plutarque, *Quaest. Conv.*, 709 E ; voy. aussi Julien, disc. VIII, 243 D.

ἄνδρας ἔλθωσι τῇ μιμήσει, ταῦτα δεῖ φεύγειν ἐπιφρασσο-
μένους τὰ ὦτα οὐχ ἧττον ἢ τὸν Ὀδυσσέα φασὶν ἐκεῖνοι 10
τὰ τῶν Σειρήνων μέλη. Ἡ γὰρ πρὸς τοὺς φαύλους τῶν
λόγων συνήθεια ὁδός τίς ἐστιν ἐπὶ τὰ πράγματα. Διὸ δὴ
πάσῃ φυλακῇ τὴν ψυχὴν τηρητέον, μὴ διὰ τῆς τῶν λόγων
ἡδονῆς παραδεξάμενοί τι λάθωμεν τῶν χειρόνων, ὥσπερ οἱ
τὰ δηλητήρια μετὰ τοῦ μέλιτος προσιέμενοι. Οὐ τοίνυν 15
⟨ἐν πᾶσιν⟩ ἐπαινεσόμεθα τοὺς ποιητάς, οὐ λοιδορουμένους,
οὐ σκώπτοντας, οὐκ ἐρῶντας ἢ μεθύοντας μιμουμένους,
οὐχ ὅταν τραπέζῃ πληθούσῃ καὶ ᾠδαῖς ἀνειμέναις τὴν
εὐδαιμονίαν ὁρίζωνται. Πάντων δὲ ἥκιστα περὶ θεῶν τι
διαλεγομένοις προσέξομεν, καὶ μάλισθ᾽ ὅταν ὡς περὶ 20
πολλῶν τε αὐτῶν διεξίωσι καὶ τούτων οὐδ᾽ ὁμονοούντων.
Ἀδελφὸς γὰρ δὴ παρ᾽ ἐκείνοις διαστασιάζει πρὸς ἀδελφόν,
καὶ γονεὺς πρὸς παῖδας, καὶ τούτοις αὖθις πρὸς τοὺς
τεκόντας πόλεμός ἐστιν ἀκήρυκτος. Μοιχείας δὲ θεῶν καὶ
ἔρωτας καὶ μίξεις ἀναφανδόν, καὶ ταύτας γε μάλιστα τοῦ 25
κορυφαίου πάντων καὶ ὑπάτου Διός, ὡς αὐτοὶ λέγουσιν, ἃ
κἂν περὶ βοσκημάτων τις λέγων ἐρυθριάσειε, τοῖς ἐπὶ
σκηνῆς καταλείψομεν. Ταὐτὰ δὴ ταῦτα λέγειν καὶ περὶ
συγγραφέων ἔχω, καὶ μάλισθ᾽ ὅταν ψυχαγωγίας ἕνεκα τῶν
ἀκουόντων λογοποιῶσι. Καὶ ῥητόρων δὲ τὴν περὶ τὸ ψεύ- 30
δεσθαι τέχνην οὐ μιμησόμεθα. Οὔτε γὰρ ἐν δικαστηρίοις,
οὔτ᾽ ἐν ταῖς ἄλλαις πράξεσιν ἐπιτήδειον ἡμῖν τὸ ψεῦδος,
τοῖς τὴν ὀρθὴν ὁδὸν καὶ ἀληθῆ προελομένοις τοῦ βίου, οἷς
τὸ μὴ δικάζεσθαι νόμῳ προστεταγμένον ἐστίν. Ἀλλ᾽ ἐκεῖνα
αὐτῶν μᾶλλον ἀποδεξόμεθα, ἐν οἷς ἀρετὴν ἐπῄνεσαν, ἢ 35
πονηρίαν διέβαλον. Ὡς γὰρ τῶν ἀνθέων τοῖς μὲν λοιποῖς

---

9 ταῦτα : ταύτῃ CDEIY ‖ δεῖ φεύγειν : διαφεύγειν V ‖ 11 τῶν
λόγων om. B ‖ 14 τι : τινα ABCGᴾᶜ ‖ 16 ⟨ἐν πᾶσιν⟩ Desrousseaux ‖
21 τούτων οὐδὲ ὁμονοούντων : οὐδὲ τούτων ὁμονοούντων GH ‖ 26 Διός :
δηον Y, om. Z ; fortasse secludendum glossema ‖ 36 ἀνθέων
CDEGHIY : ἀνθῶν ABFVXZ

d'en tirer aussi du miel, eh bien ! de même ici, ceux qui ne
recherchent pas seulement l'agrément et la grâce dans ce
genre d'ouvrages peuvent se réserver aussi du profit pour
l'âme. Et c'est entièrement à l'image des abeilles que nous
devons tirer parti de ces ouvrages. Elles ne vont pas également à toutes les fleurs ; de plus, celles sur lesquelles elles
volent, elles ne tâchent pas de les emporter tout entières :
elles y prennent juste ce qui est utile à leur travail, et quant
au reste, adieu ! Nous de même, si nous sommes sages, nous
y recueillerons tout ce qui peut nous convenir et qui est
conforme à la vérité, et nous passerons par-dessus le reste.
C'est comme pour la fleur du rosier[1] ; en la cueillant, nous
en évitons les épines ; ainsi également de ce genre d'ouvrages :
nous en récolterons tout ce qui est utile*, mais en nous gardant de ce qui est nuisible. Il faudrait donc commencer tout
de suite par examiner chacune de ces études, par l'adapter à
notre but, et, comme dit le proverbe dorien[2], aligner la pierre
au cordeau.

V   Et puisque c'est par la vertu que nous devons nous
faire un trésor pour l'autre vie, puisque souvent les poètes,
souvent les prosateurs*, mais bien plus souvent encore les
philosophes la célèbrent par des hymnes, c'est à ce genre
d'ouvrages qu'il faut surtout nous appliquer. Il n'est pas
d'un médiocre profit qu'une certaine familiarité et habitude
naisse dans l'âme des jeunes gens à l'égard de la vertu,
puisque précisément la nature rend immuables* les enseignements qu'on reçoit à cet âge, et qui dans ces âmes molles
s'impriment en profondeur. Ou alors quel autre motif

---

1. Autre lieu commun : voy. par ex. Lucien, *Sur l'art d'écrire
l'histoire*, c. 28 (fin).
2. Κατὰ τὴν Δωρικὴν παροιμίαν (voy. *Paroem. Gr.*, Leutsch. u.
Schneidewin, II, p. 775). S. Basile en termes exprès, S. Grég. de
Naz. indirectement (epist. 38 ; M. XXXVII, 80 A), par le dialecte,
sont les seuls qui nous indiquent l'origine dorienne de ce proverbe.
S. Jean Chrysostome le cite également (*Hom.*, 35, *in Ep. I ad Cor.*, 3 ;
M., P. G., LX, p. 300), mais en dialecte attique.

ἄχρι τῆς εὐωδίας ἢ τῆς χρόας ἐστὶν ἡ ἀπόλαυσις, ταῖς
μελίτταις δ᾽ ἄρα καὶ μέλι λαμβάνειν ἀπ᾽ αὐτῶν ὑπάρχει,
οὕτω δὴ κἀνταῦθα τοῖς μὴ τὸ ἡδὺ καὶ ἐπίχαρι μόνον τῶν
τοιούτων λόγων διώκουσιν ἔστι τινὰ καὶ ὠφέλειαν ἀπ᾽   40
αὐτῶν εἰς τὴν ψυχὴν ἀποθέσθαι. Κατὰ πᾶσαν δὴ οὖν τῶν
μελιττῶν τὴν εἰκόνα τῶν λόγων ἡμῖν μεθεκτέον. Ἐκεῖναί
τε γὰρ οὔτε ἅπασι τοῖς ἄνθεσι παραπλησίως ἐπέρχονται,
οὔτε μὴν οἷς ἂν ἐπιπτῶσιν ὅλα φέρειν ἐπιχειροῦσιν, ἀλλ᾽
ὅσον αὐτῶν ἐπιτήδειον πρὸς τὴν ἐργασίαν λαβοῦσαι, τὸ   45
λοιπὸν χαίρειν ἀφῆκαν· ἡμεῖς τε, ἢν σωφρονῶμεν, ὅσον
οἰκεῖον ἡμῖν καὶ συγγενὲς τῇ ἀληθείᾳ παρ᾽ αὐτῶν κομισά-
μενοι, ὑπερβησόμεθα τὸ λειπόμενον. Καὶ καθάπερ τῆς
ῥοδωνιᾶς τοῦ ἄνθους δρεψάμενοι τὰς ἀκάνθας ἐκκλίνομεν,
οὕτω καὶ ἐπὶ τῶν τοιούτων λόγων ὅσον χρήσιμον καρπωσά-   50
μενοι, τὸ βλαβερὸν φυλαξόμεθα. Εὐθὺς οὖν ἐξ ἀρχῆς
ἐπισκοπεῖν ἕκαστον τῶν μαθημάτων, καὶ συναρμόζειν τῷ
τέλει προσῆκε, κατὰ τὴν Δωρικὴν παροιμίαν, τὸν λίθον
ποτὶ τὰν σπάρτον ἄγοντας.

V   Καὶ ἐπειδήπερ δι᾽ ἀρετῆς ἐπὶ τὸν βίον ἡμῖν κα⟨τα⟩θεῖ-
ναι δεῖ τὸν ἕτερον, εἰς ταύτην δὲ πολλὰ μὲν ποιηταῖς, πολλὰ
δὲ συγγραφεῦσι, πολλῷ δὲ ἔτι πλείω φιλοσόφοις ἀνδράσιν
ὕμνηται, τοῖς τοιούτοις τῶν λόγων μάλιστα προσεκτέον.
Οὐ μικρὸν γὰρ τὸ ὄφελος, οἰκειότητά τινα καὶ συνήθειαν   5
ταῖς τῶν νέων ψυχαῖς τῆς ἀρετῆς ἐγγενέσθαι· ἐπείπερ
ἀμετάστατα πέφυκεν εἶναι τὰ τῶν τοιούτων μαθήματα, δι᾽
ἀπαλότητα τῶν ψυχῶν εἰς βάθος ἐνσημαινόμενα. Ἦ τί

---

42 ἡμῖν DGHIX : ὑμῖν ABCEFVYZ ; sed vide infra 46 ‖ 50 ὅσον
χρήσιμον καρπωσάμενοι : τὸ ἡδὺ λαβόντες GH ‖ 51 φυλαξόμεθα IS¹ :
φυλασσόμεθα H, φυλασσώμεθα G, φυλαξώμεθα ceteri. Sed vide ad 48 :
ὑπερβησόμεθα ‖ 54 τὰν σπάρτον PRSTU : τὰν σπάρταν Na, τὴν σπάρτον
ceteri ; τὰν scribendum e contextu liquet.

V   1 δι᾽ ἀρετῆς : διὰ τῆς ἀρετῆς ‖ κα⟨τα⟩θεῖναι (cf. X, 7) Desrousseaux : καθεῖναι ‖ 2 τὸν ἕτερον [ἢ ἕτερον V] Ragon, cf. II, 9 ‖
7 τοιούτων etiam G^{mg} : τηλικούτων G.

pouvait bien avoir Hésiode[1], à notre avis, quand il écrivait ces
vers qui sont sur toutes les lèvres, si ce n'est d'exciter les
jeunes gens à la vertu ?

Rude au début, d'accès difficile, pleine de sueurs et d'efforts
répétés est la route qui mène à la vertu en montant.

C'est pourquoi justement il n'est pas donné à tout le
monde de s'y engager à cause de sa raideur, ni quand on s'y
est engagé, d'arriver facilement au sommet. Mais une fois en
haut, on peut voir comme elle est unie et belle, comme elle
est facile et praticable, et plus agréable que l'autre, celle qui
mène au vice, et où l'on peut entrer en foule en raison de sa
proximité, comme l'a dit ce même poète. Pour moi, je le
crois, il ne s'est proposé autre chose que de nous exhorter à
la vertu et de nous appeler tous au bien, en racontant cela ;
il voulait nous empêcher de mollir devant les difficultés et de
renoncer au but. Et naturellement, si un autre poète encore
a, de façon analogue, entonné un hymne à la vertu, ses
paroles menant au même but que nous, il faut les accueillir.

J'ai d'ailleurs entendu dire par un homme* habile à inter-
préter la pensée des poètes, que pour Homère toute la poésie
est un éloge de la vertu, et que tout chez lui, sauf accessoi-
rement, tend à cette fin ; plus que tout, les vers où le poète
nous montre le chef des Céphalléniens* sauvé nu du naufrage,
inspirant dès l'abord du respect à la princesse par sa seule
présence, bien loin de devoir rougir d'être vu nu, le poète
lui ayant donné en guise de manteau la vertu pour parure[2] ;
mais par la suite jusqu'aux autres Phéaciens conçoivent de
lui une telle estime, qu'ils renoncent à la mollesse où ils
passaient leur vie*, les yeux fixés sur lui pour l'imiter tous,
et pas un des Phéaciens, à ce moment, n'aurait rien tant
souhaité que d'être Ulysse et Ulysse survivant d'un naufrage.

1. Voy. *Les Travaux et les Jours,* 285-290. Passage fameux dans
l'Antiquité ; cité par Platon, *Rép.,* 364 CD ; Xénophon, *Mém.,* II, 1,
20. C'est presque l'expression de l'Évangile : S. Matth., VII, 13 suiv.
2. L'expression se trouve presque textuellement dans Platon,
Rép., 457 A.

ποτε ἄλλο διανοηθέντα τὸν Ἡσίοδον ὑπολάβωμεν ταυτὶ
ποιῆσαι τὰ ἔπη ἃ πάντες ᾄδουσιν, ἢ οὐχὶ προτρέποντα 10
τοὺς νέους ἐπ᾽ ἀρετήν; Ὅτι τραχεῖα μὲν πρῶτον καὶ
δύσβατος καὶ ἱδρῶτος συχνοῦ καὶ πόνου πλήρης ἡ πρὸς
ἀρετὴν φέρουσα καὶ ἀνάντης ὁδός. Διόπερ οὐ παντὸς οὔτε
προσβῆναι αὐτῇ διὰ τὸ ὄρθιον, οὔτε προσβάντα ῥᾳδίως ἐπὶ
τὸ ἄκρον ἐλθεῖν. Ἄνω δὲ γενομένῳ ὁρᾶν ὑπάρχει ὡς μὲν 15
λεία τε καὶ καλή, ὡς δὲ ῥᾳδία τε καὶ εὔπορος, καὶ τῆς
ἑτέρας ἡδίων τῆς ἐπὶ τὴν κακίαν ἀγούσης, ἣν ἀθρόον εἶναι
λαβεῖν ἐκ τοῦ σύνεγγυς ὁ αὐτὸς οὗτος ποιητὴς ἔφησεν.
Ἐμοὶ μὲν γὰρ δοκεῖ οὐδὲν ἕτερον ἢ προτρέπων ἡμᾶς ἐπ᾽
ἀρετήν, καὶ προκαλούμενος ἅπαντας ἀγαθοὺς εἶναι, ταῦτα 20
διελθεῖν καὶ ὥστε μὴ καταμαλακισθέντας πρὸς τοὺς
πόνους προαποστῆναι τοῦ τέλους. Καὶ μέντοι, καὶ εἴ τις
ἕτερος ἐοικότα τούτοις τὴν ἀρετὴν ὕμνησεν, ὡς εἰς
ταὐτὸν ἡμῖν φέροντας τοὺς λόγους ἀποδεχώμεθα.

Ὡς δ᾽ ἐγώ τινος ἤκουσα δεινοῦ καταμαθεῖν ἀνδρὸς 25
ποιητοῦ διάνοιαν, πᾶσα μὲν ἡ ποίησις τῷ Ὁμήρῳ ἀρετῆς
ἐστιν ἔπαινος, καὶ πάντα αὐτῷ πρὸς τοῦτο φέρει, ὅ τι μὴ
πάρεργον· οὐχ ἥκιστα δὲ ἐν οἷς τὸν στρατηγὸν τῶν
Κεφαλλήνων πεποίηκε, γυμνὸν ἐκ τοῦ ναυαγίου περισωθέντα, πρῶτον μὲν αἰδέσαι τὴν βασιλίδα φανέντα μόνον, 30
τοσούτου δεῖν αἰσχύνην ὀφλῆσαι γυμνὸν ὀφθέντα, ἐπειδήπερ αὐτὸν ἀρετῇ ἀντὶ ἱματίων κεκοσμημένον ἐποίησε·
ἔπειτα μέντοι καὶ τοῖς λοιποῖς Φαίαξι τοσούτου ἄξιον
νομισθῆναι ὥστε ἀφέντας τὴν τρυφὴν ᾗ συνέζων, ἐκεῖνον
ἀποβλέπειν καὶ ζηλοῦν ἅπαντας, καὶ μηδένα Φαιάκων ἐν 35
τῷ τότε εἶναι ἄλλο τι ἂν εὔξασθαι μᾶλλον ἢ Ὀδυσσέα
γενέσθαι, καὶ ταῦτα ἐκ ναυαγίου περισωθέντα. Ἐν τούτοις

13 ὁδός om. HVZ ‖ 14 προσβάντα ABX : προσβάντι ‖ ἐπὶ : διὰ H ‖
17 ἀθρόον : ἀθρόαν CEFZV ‖ 19 προτρεπόμενος GH ‖ 24 ἀποδεχώμεθα :
-χόμεθα ABCEIXZ ‖ 26 ἡ om. CFH ‖ 30 αἰδέσαι cf. Greg. Naz.,
Migne IV, 103 : αἰδέσθαι R solus ‖ 33 ἄξιον νομισθῆναι : ἀξίαν
νομισθῆναι τὴν ἀρετὴν GH ‖ 34 ἐκεῖνον : εἰς ἐκεῖνον EGH.

Car dans ces vers, disait l'interprète de la pensée du poète, Homère nous dit en quelque sorte à grands cris : « Vous devez cultiver, hommes, une vertu qui surnage avec le naufragé, et, dès qu'il a pris terre, le fera paraître plus honorable dans sa nudité que les heureux Phéaciens ». C'est bien cela. Les autres biens ne sont pas plus à leurs possesseurs qu'au premier venu ; comme au jeu de dés *, ils sont jetés tantôt ici, tantôt là ; seule entre les biens, la vertu est chose imprenable : pendant la vie et après la mort, elle demeure. C'est, il me semble, ce qui faisait dire aussi à Solon, à l'adresse des riches, cette parole * :

De nous à eux il n'y aura pas échange de notre vertu contre leur fortune, car la première est constante toujours,
Mais les richesses sont tantôt à un homme tantôt à un autre.

C'est une idée semblable à celle-ci qu'exprime encore Théognis *, quand il dit que le dieu, quel que soit le dieu dont il parle, pour les hommes fait pencher le plateau

tantôt d'un côté tantôt d'un autre ; tantôt ils sont riches et tantôt ils n'ont rien.

Et de même le Sophiste de Kéos *, en quelque endroit de ses écrits, philosophe d'une manière analogue sur la vertu et le vice. Lui aussi, voyez-vous, mérite de fixer notre attention, car il n'est pas à dédaigner, cet homme. Voici à peu près son récit, autant que je me rappelle la pensée du personnage, car pour les paroles du moins, je ne les sais pas ; je sais seulement qu'il a parlé simplement comme ceci, non en vers : Héraklès, tout jeune encore, et à peu près à l'âge où vous êtes aussi aujourd'hui, hésitait, entre deux routes, sur celle qu'il allait suivre ; celle qui par l'effort mène à la vertu, ou bien la plus facile, quand il vit s'avancer deux femmes ; c'étaient la Vertu et le Vice. Dès l'abord, et malgré leur silence, elles trahissaient par leur maintien leur différence. L'une par des artifices de toilette s'était fait une beauté ; elle languissait de mollesse, et menait tout l'essaim

γὰρ ἔλεγεν ὁ τοῦ ποιητοῦ τῆς διανοίας ἐξηγητὴς μονονουχὶ
βοῶντα λέγειν τὸν Ὅμηρον ὅτι· Ἀρετῆς ὑμῖν ἐπιμελητέον,
ὦ ἄνθρωποι, ἣ καὶ ναυαγήσαντι συνεκνήχεται καὶ ἐπὶ τῆς 40
χέρσου γενόμενον γυμνὸν τιμιώτερον ἀποδείξει τῶν εὐδαι-
μόνων Φαιάκων. Καὶ γὰρ οὕτως ἔχει. Τὰ μὲν ἄλλα τῶν
κτημάτων οὐ μᾶλλον τῶν ἐχόντων ἢ καὶ οὑτινοσοῦν τῶν
ἐπιτυχόντων ἐστίν, ὥσπερ ἐν παιδιᾷ κύβων τῇδε κἀκεῖσε
μεταβαλλόμενα· μόνη δὲ κτημάτων ἡ ἀρετὴ ἀναφαίρετον, 45
καὶ ζῶντι καὶ τελευτήσαντι παραμένουσα. Ὅθεν δὴ καὶ
Σόλων μοι δοκεῖ πρὸς τοὺς εὐπόρους εἰπεῖν τό·

Ἀλλ᾽ ἡμεῖς αὐτοῖς οὐ διαμειψόμεθα
τῆς ἀρετῆς τὸν πλοῦτον· ἐπεὶ τὸ μὲν ἔμπεδον αἰεί,
χρήματα δ᾽ ἀνθρώπων ἄλλοτε ἄλλος ἔχει. 50

Παραπλήσια δὲ τούτοις καὶ τὰ Θεόγνιδος, ἐν οἷς φησι
τὸν θεόν, ὅντινα δὴ καί φησι, τοῖς ἀνθρώποις τὸ τάλαντον
ἐπιρρέπειν ἄλλοτε ἄλλως, « ἄλλοτε μὲν πλουτεῖν, ἄλλοτε
δὲ μηδὲν ἔχειν ».

Καὶ μὴν καὶ ὁ Κεῖός που σοφιστὴς τῶν ἑαυτοῦ συγγραμ- 55
μάτων ἀδελφὰ τούτοις εἰς ἀρετὴν καὶ κακίαν ἐφιλοσό-
φησεν· ᾧ δὴ καὶ αὐτῷ τὴν διάνοιαν προσεκτέον· οὐ γὰρ
ἀπόβλητος ὁ ἀνήρ. Ἔχει δὲ οὕτω πως ὁ λόγος αὐτῷ, ὅσα
ἐγὼ τοῦ ἀνδρὸς τῆς διανοίας μέμνημαι, ἐπεὶ τά γε ῥήματα
οὐκ ἐπίσταμαι, πλήν γε δὴ ὅτι ἁπλῶς οὕτως εἴρηκεν 60
ἄνευ μέτρου· ὅτι νέῳ ὄντι τῷ Ἡρακλεῖ κομιδῇ, καὶ
σχεδὸν ταύτην ἄγοντι τὴν ἡλικίαν, ἣν καὶ ὑμεῖς νῦν,
βουλευομένῳ ποτέραν τράπηται τῶν ὁδῶν, τὴν διὰ τῶν
πόνων ἄγουσαν πρὸς ἀρετήν, ἢ τὴν ῥᾴστην, προσελθεῖν
δύο γυναῖκας, ταύτας δὲ εἶναι Ἀρετὴν καὶ Κακίαν. Εὐθὺς 65
μὲν οὖν καὶ σιωπώσας ἐμφαίνειν ἀπὸ τοῦ σχήματος τὸ
διάφορον. Εἶναι γὰρ τὴν μὲν ὑπὸ κομμωτικῆς διεσκευασ-
μένην εἰς κάλλος, καὶ ὑπὸ τρυφῆς διαρρεῖν, καὶ πάντα

39 λέγειν : om. AEX, καὶ λέγειν Z ‖ 55 σοφιστὴς : σοφιστὴς Πρόδικος
EGHL.

des voluptés* suspendu après elle ; elle en faisait étalage et,
par plus de promesses encore, elle s'efforçait d'attirer
Héraklès à elle ; l'autre était décharnée, négligée, le regard
fixe, et elle lui tenait un autre langage ; par exemple elle ne
lui promettait ni détente ni plaisir, mais, à l'infini, des
sueurs*, des efforts et des dangers, partout et sur terre et sur
mer ; en récompense, il devenait un dieu, suivant l'expression de Prodikos. Eh bien ! c'est elle qu'enfin Héraklès
suivit.

VI   Et presque tous les écrivains qui ont quelque répu-
tation de sagesse se sont, peu ou prou, chacun selon ses
forces, étendus dans leurs ouvrages sur l'éloge de la vertu.
Il faut les écouter, et tâcher que notre vie soit la réalisation
de leurs paroles. Car celui qui, à la sagesse qui s'arrête aux
mots chez les autres, donne l'appui de ses actes,

seul est sensé, les autres ne sont que des ombres voltigeantes[1].

C'est, selon moi, à peu près la même chose, que si un
peintre avait figuré sur la toile une merveilleuse beauté
d'homme[2], et que l'original fût tel dans la réalité que le
peintre l'a montré dans son tableau. Car faire un brillant
éloge de la vertu en public et s'étendre sur ce sujet en longs
discours[3], tandis qu'en particulier c'est à la volupté plutôt
qu'à la tempérance, à la cupidité plutôt qu'à la justice, que
va notre préférence, c'est, j'ose le dire, ressembler aux
histrions qui jouent les pièces de théâtre ; ils paraissent
souvent en rois et en potentats, sans être ni rois ni potentats,
ni même, à l'aventure, des hommes libres du tout. De plus,
un musicien[4] n'admettrait pas volontiers que sa lyre ne fût
pas accordée, ni un chef de chœur, qu'il n'y eût pas dans le

---

1. Adaptation d'un vers d'Homère (*Od.* X, 495, cité par Platon,
Rép., 386 D). Cicéron, *De divinatione,* I, 40, le traduit : « Solum
sapere, ceteros umbrarum vagari modo ».

2. Comp. Platon, *Rép.,* 472 D.

3. Μαχροὺς... ἀποτείνων λόγοὺς, expression platonicienne : voy.
Protag., 336 C ; *Rép.,* 605 D ; *Gorg.,* 458 C.

4. Exemple pris à Platon, *Gorg.,* 482 BC.

ἐσμὸν ἡδονῆς ἐξηρτημένην ἄγειν· ταῦτά τε οὖν δεικνύναι,
καὶ ἔτι πλείω τούτων ὑπισχνουμένην, ἕλκειν ἐπιχειρεῖν 70
τὸν Ἡρακλέα πρὸς ἑαυτήν· τὴν δ᾽ ἑτέραν κατεσκληκέναι,
καὶ αὐχμεῖν, καὶ σύντονον βλέπειν, καὶ λέγειν τοιαῦτα
ἕτερα· ὑπισχνεῖσθαι γὰρ οὐδὲν ἀνειμένον, οὐδὲ ἡδύ, ἀλλ᾽
ἱδρῶτας μυρίους καὶ πόνους καὶ κινδύνους, διὰ πάσης
ἠπείρου τε καὶ θαλάσσης, ἆθλον δὲ τούτων εἶναι θεὸν 75
γενέσθαι, ὡς ὁ ἐκείνου λόγος· ᾗπερ δὴ καὶ τελευτῶντα τὸν
Ἡρακλέα συνέπεσθαι.

VI Καὶ σχεδὸν ἅπαντες ὧν δὴ καὶ λόγος τίς ἐστιν ἐπὶ
σοφίᾳ, ἢ μικρὸν ἢ μεῖζον εἰς δύναμιν ἕκαστος ἐν τοῖς
ἑαυτῶν συγγράμμασιν ἀρετῆς ἔπαινον διεξῆλθον· οἷς πειστέον καὶ πειρατέον ἐπὶ τοῦ βίου δεικνύναι τοὺς λόγους.
Ὡς ὅ γε τὴν ἄχρι ῥημάτων παρὰ τοῖς ἄλλοις φιλοσοφίαν 5
ἔργῳ βεβαιῶν

οἶος πέπνυται· τοὶ δὲ σκιαὶ ἀΐσσουσι.

Καί μοι δοκεῖ τὸ τοιοῦτον παραπλήσιον εἶναι ὥσπερ ἂν
εἰ ζωγράφου θαυμαστόν τι οἷον κάλλος ἀνθρώπου μιμησαμένου, ὁ δὲ αὐτὸς εἴη τοιοῦτος ἐπὶ τῆς ἀληθείας οἷον ἐπὶ 10
τῶν πινάκων ἐκεῖνος ἔδειξεν. Ἐπεὶ τό γε λαμπρῶς μὲν
ἐπαινέσαι τὴν ἀρετὴν εἰς τὸ μέσον, καὶ μακροὺς ὑπὲρ
αὐτῆς ἀποτείνειν λόγους, ἰδίᾳ δὲ τὸ ἡδὺ πρὸ τῆς σωφρο-
σύνης, καὶ τὸ πλέον ἔχειν πρὸ τοῦ δικαίου τιμᾶν, ἐοικέναι
φαίην ἂν ἔγωγε τοῖς ἐπὶ σκηνῆς ὑποκρινομένοις τὰ 15
δράματα· οἳ ὡς βασιλεῖς καὶ δυνάσται πολλάκις εἰσέρ-
χονται, οὔτε βασιλεῖς ὄντες, οὔτε δυνάσται, οὐδὲ μὲν οὖν
τυχὸν ἐλεύθεροι τὸ παράπαν. Εἶτα μουσικὸς μὲν οὐκ ἂν
ἑκὼν δέξαιτο ἀνάρμοστον αὐτῷ τὴν λύραν εἶναι, καὶ χοροῦ

VI 3 πειστέον YZ : πιστέον EFHI, πιστευτέον ABCGX ‖ 8 τοιοῦτον : τοιοῦτο EH ‖ 10 αὐτός τις GH ‖ 12 ἐπαινέσαι : ἐπαινεῖν GH ‖
16 βασιλεῖς καὶ δυνάσται πολλάκις EFIVYZ : βασιλέας πολλάκις καὶ
δυνάστας ABGHX.

chœur un ensemble aussi parfait que possible ; et verra-t-on
chacun en opposition avec soi-même, et impuissant à établir
de l'harmonie entre ses paroles et sa vie ?

> La langue a juré, mais le cœur n'a pas juré *.

dira-t-on avec Euripide ? et c'est l'apparence du bien, au
lieu de la réalité, qu'on poursuivra [1] ? C'est pourtant le dernier
degré de l'injustice, s'il faut en croire Platon, de vouloir
paraître juste quand on ne l'est pas [2].

VII   Ainsi donc ceux de ces récits qui renferment des
préceptes de vertu, nous les accueillons dans cet esprit. Mais
comme il y a également chez les Anciens * des actes de vertu
qu'une tradition ininterrompue nous a conservés, et que les
poètes ou les historiens ont consignés dans leurs œuvres,
gardons-nous de manquer le profit même qu'on en peut
tirer. Par exemple, des injures étaient proférées contre
Périclès * par un individu de l'agora ; lui n'y prenait pas
garde. Et toute la journée ils continuèrent, celui-là à
l'abreuver abondamment d'insultes, lui à ne s'en pas soucier.
Puis, le soir venu avec les ténèbres, l'homme se décidant
avec peine à s'éloigner, Périclès le fit reconduire aux flam-
beaux pour ne pas perdre l'occasion de s'exercer à la philosophie *. Un autre homme, dans sa colère contre Euclide de
Mégare, le menaçait de mort en jurant ; lui, jura à son tour,
mais de lui faire bon visage et de mettre fin à son ressen-
timent. Qu'il est précieux qu'un exemple de ce genre vienne
à la mémoire d'un homme pris déjà par la colère ! Car la
tragédie ne mérite pas créance, quand elle dit :

> Contre des ennemis la colère tout naturellement arme la main *.

Le mieux, c'est de ne même pas laisser monter la colère du

---

1. Voy. Eschyle, *Les Sept contre Thèbes*, 5g2 ; Platon, *Rép.*,
361 B ; Grég. de Naz., *Éloge funèbre de Césaire*, VI ; *Éloge funèbre
de Basile*, LX.

2. Emprunt presque textuel à Platon, *Rép.*, 361 A, et aussi *ibid.*
335 A ; voy. encore Xénophon, *Mém.*, I, 7, 1.

κορυφαῖος μὴ ὅτι μάλιστα συνᾴδοντα τὸν χορὸν ἔχειν· 20
αὐτὸς δέ τις ἕκαστος διαστασιάσει πρὸς ἑαυτόν, καὶ οὐχὶ
τοῖς λόγοις ὁμολογοῦντα τὸν βίον παρέξεται; ἀλλ᾿ « ἡ
γλῶττα μὲν ὀμώμοκεν, ἡ δὲ φρὴν ἀνώμοτος » κατ᾿ Εὐρι-
πίδην ἐρεῖ; καὶ τὸ δοκεῖν ἀγαθὸς πρὸ τοῦ εἶναι διώξεται;
Ἀλλ᾿ οὗτός ἐστιν ὁ ἔσχατος τῆς ἀδικίας ὅρος, εἴ τι δεῖ 25
Πλάτωνι πείθεσθαι, τὸ δοκεῖν δίκαιον εἶναι μὴ ὄντα.

VII Τοὺς μὲν οὖν τῶν λόγων οἳ τὰς τῶν καλῶν ἔχουσιν
ὑποθήκας, οὕτως ἀποδεχόμεθα. Ἐπειδὴ δὲ καὶ πράξεις
σπουδαῖαι τῶν παλαιῶν ἀνδρῶν ἢ μνήμης ἀκολουθίᾳ πρὸς
ἡμᾶς διασῴζονται, ἢ ποιητῶν ἢ συγγραφέων φυλαττόμεναι
λόγοις, μηδὲ τῆς ἐντεῦθεν ὠφελείας ἀπολειπώμεθα. Οἷον, 5
ἐλοιδόρει τὸν Περικλέα τῶν ἐξ ἀγορᾶς τις ἀνθρώπων· ὁ δὲ
οὐ προσεῖχε· καὶ εἰς πᾶσαν διήρκεσαν τὴν ἡμέραν, ὁ μὲν
ἀφειδῶς πλύνων αὐτὸν τοῖς ὀνείδεσιν, ὁ δὲ οὐ μέλον
αὐτῷ. Εἶτα, ἑσπέρας ἤδη καὶ σκότους, ἀπαλλαττόμενον
μόλις ὑπὸ φωτὶ παρέπεμψε Περικλῆς, ὅπως αὐτῷ μὴ 10
διαφθαρείη τὸ πρὸς φιλοσοφίαν γυμνάσιον. Πάλιν τις
Εὐκλείδῃ τῷ Μεγαρόθεν παροξυνθεὶς θάνατον ἠπείλησε
καὶ ἐπώμοσεν· ὁ δὲ ἀντώμοσεν ἦ μὴν ἱλεώσασθαι αὐτὸν καὶ
παύσειν χαλεπῶς πρὸς αὐτὸν ἔχοντα. Πόσου ἄξιον τῶν
τοιούτων τι παραδειγμάτων εἰσελθεῖν τὴν μνήμην, ἀνδρὸς 15
ὑπὸ ὀργῆς ἤδη κατεχομένου; Τῇ τραγῳδίᾳ γὰρ οὐ πιστευτέον « ἁπλῶς » λεγούσῃ « ἐπ᾿ ἐχθροὺς θυμὸς ὁπλίζει
χέρα », ἀλλὰ μάλιστα μὲν μηδὲ διανίστασθαι πρὸς θυμὸν

VII 2 ἀποδεχόμεθα : -δεχώμεθα HZ, -δεξώμεθα G ‖ ἐπειδὴ δὲ
EGH : ἐπεὶ δὲ ABDFIVXYZ ‖ 7 διήρκεσαν FHU : διήρκεσε ‖
8 μέλον EGHIVYZ (in rasura) ORSU (ω supra o) : μέλλον
BDLMNP (ω supra o) Ta, μέλλων AFKX ‖ 13 ἱλεώσασθαι αὐτὸν
ABDEFIVXYZLMOR ; comp. Krüger, Griech. Sprachlehre § 53,
1, 10 et Kühner-Gerth, § 389, A. 7 : ἵλεως ἔσεσθαι αὐτῷ H, ἵλεων
γενέσθαι αὐτὸν (sed suprascriptum ἱλεώσασθαι αὐτὸν) G, ἱλεώσεσθαι
KNPTUa ‖ 17 ἁπλῶς λεγούσῃ : λεγούσῃ ἁπλῶς GH ‖ 18 χέρα EFIY :
χεῖρα ABDGHVXZ.

tout. Et si ce n'est pas facile, eh bien ! il faut lui appliquer
le frein de la raison*, pour l'empêcher de s'emporter trop
loin.

Mais ramenons le discours* encore une fois aux exemples
d'actes de vertu. Quelqu'un frappait le fils de Sophronisque,
Socrate, d'une grêle de coups en pleine figure [1] ; lui ne fit
point de résistance, et laissa l'ivrogne assouvir sa colère, au
point d'en avoir le visage enflé déjà et meurtri sous les
coups. Quand il eut cessé de frapper, Socrate se contenta de
se mettre au front, à ce que l'on dit, comme fait le sculpteur
à sa statue, l'inscription : « Ceci est l'œuvre d'un tel* », et
ce fut toute sa vengeance. Voilà qui tend à peu près au
même but que nos Écritures, et vaut bien la peine d'être
imité par des jeunes gens de votre âge, je l'affirme. Car ce
trait de Socrate est analogue au précepte qui dit :

A celui qui frappe sur une joue, il conviendrait de présenter aussi
l'autre, bien loin de se venger [2] ;

celui de Périclès ou celui d'Euclide, à celui qui dit de
« supporter ceux qui nous persécutent et d'être doux à
endurer leur colère [3] » ; et au précepte qui dit de « souhaiter
à ses ennemis du bien et de ne pas les maudire ». C'est
pourquoi celui que ces préceptes-là auront instruit d'avance,
cessera de tenir les autres pour impossibles, et de s'en défier.
Je ne veux point passer sous silence ce trait d'Alexandre* qui,
ayant fait prisonnières les filles de Darius, dont on vantait la
merveilleuse beauté, ne voulut même pas les voir, estimant
honteux, quand on avait vaincu des hommes, de se laisser
dominer par des femmes. Ce trait vise au même but que le
mot connu : « Celui qui a regardé en vue du plaisir une
femme, a beau n'avoir pas, dans la réalité, consommé
l'adultère ; parce que le désir a reçu accueil dans son âme, il
n'est pas absous du péché* ».

1. Τὸν Σωφρονίσκου Σωκράτην : voy. Plutarque, *De liberis educandis*, 14.
2. Voy. *Matth.*, V, 39.
3. *Ibid.*, V, 44 suiv.

τὸ παράπαν, εἰ δὲ μὴ ῥᾴδιον τοῦτο, ἀλλ᾽ ὥσπερ χαλινὸν
αὐτῷ τὸν λογισμὸν ἐμβάλλοντας, μὴ ἐᾶν ἐκφέρεσθαι περαι- 20
τέρω.
Ἐπαναγάγωμεν δὲ τὸν λόγον αὖθις πρὸς τὰ τῶν
σπουδαίων πράξεων παραδείγματα. Ἔτυπτέ τις τὸν
Σωφρονίσκου Σωκράτην εἰς αὐτὸ τὸ πρόσωπον ἐμπεσὼν
ἀφειδῶς· ὁ δὲ οὐκ ἀντῆρεν, ἀλλὰ παρεῖχε τῷ παροινοῦντι 25
τῆς ὀργῆς ἐμφορεῖσθαι, ὥστε ἐξοιδεῖν ἤδη καὶ ὕπουλον
αὐτῷ τὸ πρόσωπον ὑπὸ τῶν πληγῶν εἶναι. Ὡς δ᾽ οὖν
ἐπαύσατο τύπτων, ἄλλο μὲν οὐδὲν ὁ Σωκράτης ποιῆσαι,
ἐπιγράψαι δὲ τῷ μετώπῳ λέγεται, ὥσπερ ἀνδριάντι τὸν
δημιουργόν, ὁ δεῖνα ἐποίει· καὶ τοσοῦτον ἀμύνασθαι. 30
Ταῦτα σχεδὸν εἰς ταὐτὸν τοῖς ἡμετέροις φέροντα πολλοῦ
ἄξιον εἶναι μιμήσασθαι τοὺς τηλικούτους φημί. Τουτὶ μὲν
γὰρ τὸ τοῦ Σωκράτους ἀδελφὸν ἐκείνῳ τῷ παραγγέλματι,
ὅτι τῷ τύπτοντι κατὰ τῆς σιαγόνος καὶ τὴν ἑτέραν
παρέχειν προσῆκε, τοσούτου δεῖν ἀπαμύνασθαι, τὸ δὲ τοῦ 35
Περικλέους ἢ τὸ Εὐκλείδου τῷ τοὺς διώκοντας ὑπομένειν
καὶ πρᾴως αὐτῶν τῆς ὀργῆς ἀνέχεσθαι, καὶ τῷ τοῖς
ἐχθροῖς εὔχεσθαι τὰ ἀγαθά, ἀλλὰ μὴ ἐπαρᾶσθαι. Ὡς ὅ γε
ἐν τούτοις προπαιδευθεὶς οὐκ ἔτ᾽ ἂν ἐκείνοις ὡς ἀδυνάτοις
διαπιστήσειεν. Οὐδ᾽ ἂν παρέλθοιμι τὸ τοῦ Ἀλεξάνδρου, ὃς 40
τὰς θυγατέρας Δαρείου αἰχμαλώτους λαβὼν θαυμαστόν τι
οἷον τὸ κάλλος παρέχειν μαρτυρουμένας οὐδὲ προσιδεῖν
ἠξίωσεν, αἰσχρὸν εἶναι κρίνων τὸν ἄνδρας ἑλόντα γυναικῶν
ἡττηθῆναι. Τουτὶ γὰρ εἰς ταὐτὸν ἐκείνῳ φέρει, ὅτι ὁ
ἐμβλέψας πρὸς ἡδονὴν γυναικί, κἂν μὴ τῷ ἔργῳ τὴν 45
μοιχείαν ἐπιτελέσῃ, ἀλλὰ τῷ γε τὴν ἐπιθυμίαν τῇ ψυχῇ
παραδέξασθαι, οὐκ ἀφίεται τοῦ ἐγκλήματος. Τὸ δὲ τοῦ

20 ἐμβάλλοντας : ἐμβαλόντας HZ ‖ 30 τοσοῦτον BDEFGHX : τοσούτου AIVYZ ‖ 33 τῷ : τὸ BDEFGHV ‖ 34 τῷ : τὸ BCDEGHXYZ ‖
40 οὐδ᾽ Desrousseaux : οὐκ ; κοὐκ P‖ 42 παρέχειν : ἔχειν DH ‖ 43 τὸν
ἄνδρας ἑλόντα AG (ἑλώντα) X : τοὺς ἄνδρας ἑλόντα H, τὸν τοὺς
ἄνδρας ἑλόντα S, τοὺς ἄνδρας ἑλόντας reliqui omnes.

Et l'exemple de Clinias, un des disciples de Pythagore[1] ? On aura peine à croire que c'est par un effet du hasard qu'il se rencontre avec nos préceptes, et non par une imitation réfléchie. Quelle avait donc été sa conduite ? Alors qu'il pouvait, par un serment, éviter une amende de trois talents, il aima mieux payer que de jurer ; et pourtant ce serment aurait été véritable. C'est qu'il avait entendu parler, à mon sens, du commandement qui nous interdit le serment[2].

VIII Mais comme je le disais en commençant — revenons en effet sur le même sujet — nous ne devons pas admettre tout indistinctement, mais seulement ce qui est utile. C'est une honte en effet que parmi les aliments, on repousse ceux qui nous sont nuisibles, et que des sciences, où notre âme trouve sa nourriture, on ne tienne point de compte mais, qu'à la façon d'un torrent, on charrie tout ce qui se présente pour l'engloutir. Or est-ce raison qu'un pilote* ne s'abandonne pas au hasard des vents et qu'il dirige son navire vers un port, qu'un archer veuille frapper un but ; et encore qu'un forgeron ou un charpentier se propose une fin conforme à son art, — et que nous, nous soyons inférieurs même à cette sorte d'artisans, et nous montrions incapables de considérer nos intérêts ? Non, certes, il n'est pas possible que chez les ouvriers manuels le travail ait une fin et que la vie humaine n'ait pas un but, sur lequel on doive fixer les yeux dans toutes ses actions et toutes ses paroles, si du moins on ne veut pas ressembler de tous points aux bêtes. Sinon nous serions absolument comme des navires dépourvus de lest, sans intelligence en nous pour s'asseoir au gouvernail de l'âme, tournant emportés au hasard selon le flot de la vie qui çà et là nous ballotte. Mais non, c'est comme dans les luttes gymniques, ou si vous voulez dans celles de musique : on s'exerce aux combats mêmes où l'on sera couronné* et pas un des athlètes qui pratiquent la lutte ou le pancrace, ne s'en va ensuite

---

1. Clinias : vi-ve av. J.-C. Jamblique, *Vie de Pythagore*, 28 (144).
2. Voy. *Exode*, XX, 7 ; *Deutér.*, V, 11.

Κλεινίου, τῶν Πυθαγόρου γνωρίμων ἑνός, χαλεπὸν πιστεῦ-
σαι ἀπὸ ταὐτομάτου συμβῆναι τοῖς ἡμετέροις, ἀλλ᾿ οὐχὶ
μιμησαμένου σπουδῇ. Τί δὲ ἦν ὃ ἐποίησεν ἐκεῖνος ; Ἐξὸν 5ο
δι᾿ ὅρκου τριῶν ταλάντων ζημίαν ἀποφυγεῖν, ὁ δὲ ἀπέτισε
μᾶλλον ἢ ὤμοσε, καὶ ταῦτα εὐορκεῖν μέλλων, ἀκούσας ἐμοὶ
δοκεῖν τοῦ προστάγματος τὸν ὅρκον ἡμῖν ἀπαγορεύοντος.

VIII Ἀλλ᾿, ὅπερ ἐξ ἀρχῆς ἔλεγον, πάλιν γὰρ εἰς ταὐτὸν
ἐπανίωμεν, οὐ πάντα ἐφεξῆς παραδεκτέον ἡμῖν, ἀλλ᾿ ὅσα
χρήσιμα. Καὶ γὰρ αἰσχρὸν τῶν μὲν σιτίων τὰ βλαβερὰ
διωθεῖσθαι, τῶν δὲ μαθημάτων ἃ τὴν ψυχὴν ἡμῶν τρέφει
μηδένα λόγον ἔχειν, ἀλλ᾿ ὥσπερ χειμάρρου παρασύροντας 5
ἅπαν τὸ προστυχὸν ἐμβάλλεσθαι. Καίτοι τίνα ἔχει λόγον,
κυβερνήτην μὲν οὐκ εἰκῇ τοῖς πνεύμασιν ἐφιέναι, ἀλλὰ
πρὸς ὅρμους εὐθύνειν τὸ σκάφος, καὶ τοξότην κατὰ
σκοποῦ βάλλειν, καὶ μὲν δὴ καὶ χαλκευτικόν τινα ἢ τεκτο-
νικὸν ὄντα τοῦ κατὰ τὴν τέχνην ἐφίεσθαι τέλους, ἡμᾶς δὲ ιο
καὶ τῶν τοιούτων δημιουργῶν ἀπολείπεσθαι, πρός γε τὸ
συνορᾶν δύνασθαι τὰ ἡμέτερα ; Οὐ γὰρ δὴ τῶν μὲν χειρω-
νακτῶν ἔστί τι πέρας τῆς ἐργασίας, τοῦ δὲ ἀνθρωπίνου
βίου σκοπὸς οὐκ ἔστι, πρὸς ὃν ἀφορῶντα πάντα ποιεῖν καὶ
λέγειν χρὴ τόν γε μὴ τοῖς ἀλόγοις παντάπασι προσεοικέναι ι5
μέλλοντα· ἢ οὕτως ἂν εἴημεν ἀτεχνῶς κατὰ τῶν πλοίων τὰ
ἀνερμάτιστα, οὐδενὸς ἡμῖν νοῦ ἐπὶ τῶν τῆς ψυχῆς οἰάκων
καθεζομένου, εἰκῇ κατὰ τὸν βίον ἄνω καὶ κάτω περιφερό-
μενοι. Ἀλλ᾿ ὥσπερ ἐν τοῖς γυμνικοῖς ἀγῶσιν, εἰ δὲ βούλει,
τοῖς μουσικῆς, ἐκείνων εἰσὶ τῶν ἀγώνων αἱ μελέται ὧνπερ 2ο
οἱ στέφανοι, καὶ οὐδείς γε πάλην ἀσκῶν ἢ παγκράτιον εἶτα

53 δοκεῖν : δοκεῖ ABCGS.
VIII ι γὰρ perperam om. plerique editi || 2 ἐφεξῆς DGHI : ἑξῆς
ABCEFXYZ || 4 ἃ : εἰ ? Desrousseaux || 5 χειμάρρουν παρασύρον-
τας EFIVYZ : χειμάρρου παρασύροντος ABCDGHX || ι5 παντάπασι
om. DFIVYZ || 2ο τοῖς μουσικῆς Sinner (vide Steph., Thes. Gr. Lin-
guae, v. ἀγών, 586 CD) : τοῖς μουσικοῖς CZ^{pr}, τοῖς τῆς μουσικοῖς G, τῆς
μουσικῆς ABDEFHIVXY || 2ι στέφανοι : στέφανοι πρόκεινται EGHL.

travailler la cithare ou la flûte. Aussi n'est-ce pas ce que faisait du moins Polydamas[1] ; au contraire, avant le combat, aux jeux Olympiques, il arrêtait les chars dans leur course, et par ces exercices, il fortifiait sa vigueur. Et c'est ainsi que Milon* ne se laissait pas pousser hors du bouclier frotté d'huile et résistait à la poussée, tout aussi bien que les statues soudées au plomb. En un mot ces exercices leur servaient de préparation à la lutte. S'ils avaient, par attrait pour les airs de Marsyas* ou pour ceux d'Olympos de Phrygie, abandonné la poussière des gymnases, eussent-ils tôt fait de remporter des couronnes de gloire ou d'épargner la dérision à leurs corps* ? Et de même pour Timothéos** : il se garda bien d'abandonner la mélodie pour passer son temps dans les palestres ; sans cela il n'aurait pas acquis une telle supériorité sur tous dans la musique ; il était en effet si pleinement maître de son art, qu'il pouvait exalter le cœur par la rudesse et l'austérité de ses accords, et aussi le détendre et l'apaiser au contraire par leur douceur, à son gré ; oui, grâce à cet art aussi, un jour que devant Alexandre il jouait de la flûte sur le mode Phrygien, il le fit se lever et courir aux armes, dit-on, au cours du dîner et le ramena au contraire vers les convives par ses accords apaisés*. Telle est la force que, aussi bien en musique que dans les luttes gymniques, on trouve, pour entrer en possession du but, dans l'exercice.

Puisque j'ai fait mention de couronnes et d'athlètes, voilà des gens qui ont enduré mille et mille fatigues, accru par tous les moyens leur vigueur, beaucoup sué dans les travaux du gymnase, reçu bien des coups chez le pédotribe, le régime qu'ils adoptent n'est pas le plus agréable, mais celui qu'imposent les gymnastes, et enfin, pour ne pas m'attarder en paroles, ils mènent une existence telle que leur vie précédant la lutte n'est qu'une préparation à la lutte, et c'est alors qu'ils se dépouillent en vue du stade, qu'ils affrontent tout,

---

1. Polydamas, un athlète célèbre : voy. Pausanias VI, 5 ; Platon, *Rép.*, 338 C.

κιθαρίζειν ἢ αὐλεῖν μελετᾷ. Οὔκουν ὁ Πολυδάμας γε, ἀλλ᾽
ἐκεῖνος πρὸ τοῦ ἀγῶνος τοῦ Ὀλυμπιάσι τὰ ἅρματα ἵστη
τρέχοντα, καὶ διὰ τούτων τὴν ἰσχὺν ἐκράτυνε. Καὶ ὅ γε
Μίλων ἀπὸ τῆς ἀληλειμμένης ἀσπίδος οὐκ ἐξωθεῖτο, ἀλλ᾽ 25
ἀντεῖχεν ὠθούμενος οὐχ ἧττον ἢ οἱ ἀνδριάντες οἱ τῷ
μολύβδῳ συνδεδεμένοι. Καὶ ἁπαξαπλῶς αἱ μελέται αὐτοῖς
παρασκευαὶ τῶν ἄθλων ἦσαν. Εἰ δὲ τὰ Μαρσύου ἢ τὰ
Ὀλύμπου τῶν Φρυγῶν περιειργάζοντο κρούματα, καταλι-
πόντες τὴν κόνιν καὶ τὰ γυμνάσια, ταχύ γ᾽ ἂν στεφάνων ἢ 3o
δόξης ἔτυχον, ἢ διέφυγον τὸ μὴ καταγέλαστοι εἶναι κατὰ
τὸ σῶμα; Ἀλλ᾽ οὐ μέντοι οὐδ᾽ ὁ Τιμόθεος [τὴν μελῳδίαν
ἀφεὶς ἐν ταῖς παλαίστραις διῆγεν. Οὐ γὰρ ἂν τοσοῦτον
ὑπῆρξεν αὐτῷ διενεγκεῖν ἁπάντων τῇ μουσικῇ, ᾧ γε
τοσοῦτον περιῆν τῆς τέχνης ὥστε καὶ θυμὸν ἐγείρειν διὰ 35
τῆς συντόνου καὶ αὐστηρᾶς ἁρμονίας, καὶ μέντοι καὶ
χαλᾶν καὶ μαλάττειν πάλιν διὰ τῆς ἀνειμένης, ὁπότε βούλοιτο. Ταύτῃ τοι καὶ Ἀλεξάνδρῳ ποτὲ τὸ Φρύγιον ἐπαυλή-
σαντα ἐξαναστῆσαι αὐτὸν ἐπὶ τὰ ὅπλα λέγεται μεταξὺ
δειπνοῦντα, καὶ ἐπαναγαγεῖν πάλιν πρὸς τοὺς συμπότας, 4o
τὴν ἁρμονίαν χαλάσαντα. Τοσαύτην ἰσχὺν ἔν τε μουσικῇ
καὶ τοῖς γυμνικοῖς ἀγῶσι πρὸς τὴν τοῦ τέλους κτῆσιν ἡ
μελέτη παρέχεται.

Ἐπεὶ δὲ στεφάνων καὶ ἀθλητῶν ἐμνήσθην, ἐκεῖνοι
μυρία παθόντες ἐπὶ μυρίοις, καὶ πολλαχόθεν τὴν ῥώμην 45
ἑαυτοῖς συναυξήσαντες, πολλὰ μὲν γυμναστικοῖς ἐνιδρώ-
σαντες πόνοις, πολλὰς δὲ πληγὰς ἐν παιδοτρίβου λαβόντες,
δίαιταν δὲ οὐ τὴν ἡδίστην, ἀλλὰ τὴν παρὰ τῶν γυμναστῶν
αἱρούμενοι, καὶ τἆλλα, ἵνα μὴ διατρίβω λέγων, οὕτω
διάγοντες ὡς τὸν πρὸ τῆς ἀγωνίας βίον μελέτην εἶναι τῆς 5o
ἀγωνίας, τηνικαῦτα ἀποδύονται πρὸς τὸ στάδιον, καὶ

25 ἀληλειμμένης BCZKRTUa : ἀλειμμένης H, ἀλληλιμμένης D, ἀλη-
λιμμένης EIVY, ἀλληλημμένης AX, ἀλειλημμένης G, ἀληλιμένης F,
ἀλληΐμμένης P ‖ 37 μαλάττειν : ἐκμαλάττειν H ‖ 41 ἔν τε μουσικῇ :
τῇ μουσικῇ GH. Vide supra ad 20 ‖ 46 πολλὰ : καὶ πολλὰ DH.

fatigues et dangers*, pour recevoir une couronne d'olivier ou d'ache, ou d'un autre feuillage de ce genre, et pour s'entendre proclamer vainqueurs par la voix du héraut. Et nous, de qui la vie a en perspective des récompenses* si merveilleuses par le nombre et la grandeur, que la parole ne saurait en donner une idée, est-ce en dormant sur les deux oreilles*, en vivant dans une pleine sécurité, que nous pourrons d'une seule main les saisir ? La nonchalance serait alors une chose bien précieuse pour la vie, et Sardanapale eût obtenu le premier rang de tous pour le bonheur, ou même ce Margitès[1], si l'on veut, qui ne fut ni laboureur, ni vigneron, ni d'aucune autre profession utile dans la vie, à ce que dit Homère, si toutefois le poème est d'Homère. Au contraire, n'y a-t-il pas plus de vérité dans ce mot de Pittakos*, qu'« il y a de la difficulté à être bon » ? Car quand nous aurions traversé dans la réalité mille épreuves, à peine obtiendrions-nous ce résultat, d'atteindre à ces biens dont plus haut nous disions que rien n'en donne l'exemple dans l'humanité. Il ne nous faut donc pas céder à la nonchalance, ni, contre un moment de relâche échanger de grandes espérances, si nous ne voulons encourir des blâmes et subir des châtiments, sinon chez les hommes ici-bas (encore que ce ne soit pas peu de chose pour un homme intelligent)*, du moins dans ces lieux qui, soit sous terre, soit dans toute autre partie de l'univers, seront des tribunaux. Car celui qui involontairement aura manqué à son devoir pourra peut-être obtenir de Dieu son pardon ; mais celui qui de parti-pris aura opté pour le mal, n'aura point d'excuse pour ne pas subir au centuple le châtiment.

IX   Que faut-il donc faire ? dira-t-on. Eh ! que devons-nous faire, sinon de prendre soin de notre âme, et complètement nous désintéresser du reste ? Il ne faut donc pas être esclave de son corps, à moins d'une absolue nécessité ; et

---

1. Margitès, personnage ridicule d'un poème longtemps connu dans l'antiquité sous le nom d'Homère. Voy. Clém. d'Alex., *Strom.*, , 4 (Stählin, II, p. 16).

πάντα πονοῦσι καὶ κινδυνεύουσιν, ὥστε κοτίνου λαβεῖν
στέφανον ἢ σελίνου, ἢ ἄλλου τινὸς τῶν τοιούτων, καὶ
νικῶντες ἀναρρηθῆναι παρὰ τοῦ κήρυκος. Ἡμῖν δέ, οἷς
ἆθλα τοῦ βίου πρόκειται οὕτω θαυμαστὰ πλήθει τε καὶ 55
μεγέθει ὥστε ἀδύνατα εἶναι ῥηθῆναι λόγῳ, ἐπ᾽ ἄμφω
καθεύδουσι, καὶ κατὰ πολλὴν διαιτωμένοις ἄδειαν, τῇ ἑτέρᾳ
λαβεῖν τῶν χειρῶν ὑπάρξει; Πολλοῦ μέντ᾽ ἂν ἄξιον ἦν ἡ
ῥᾳθυμία τῷ βίῳ, καὶ ὅ γε Σαρδανάπαλος τὰ πρῶτα πάντων
εἰς εὐδαιμονίαν ἐφέρετο, ἢ καὶ ὁ Μαργίτης, εἰ βούλει, ὃν 6ο
οὔτ᾽ ἀροτῆρα, οὔτε σκαπτῆρα, οὔτε ἄλλο τι τῶν κατὰ τὸν
βίον ἐπιτηδείων εἶναι Ὅμηρος ἔφησεν, εἰ δὴ Ὁμήρου
ταῦτα. Ἀλλὰ μὴ ἀληθὴς μᾶλλον ὁ τοῦ Πιττακοῦ λόγος, ὃς
χαλεπὸν ἔφησεν ἐσθλὸν ἔμμεναι; Διὰ πολλῶν γὰρ δὴ τῷ
ὄντι πόνων διεξελθοῦσι μόλις ἂν τῶν ἀγαθῶν ἐκείνων 65
τυχεῖν ἡμῖν περιγένοιτο, ὧν ἐν τοῖς ἄνω λόγοις οὐδὲν
εἶναι παράδειγμα τῶν ἀνθρωπίνων ἐλέγομεν. Οὐ δὴ οὖν
ῥᾳθυμητέον ἡμῖν, οὐδὲ τῆς ἐν βραχεῖ ῥᾳστώνης μεγάλας
ἐλπίδας ἀνταλλακτέον, εἴπερ μὴ μέλλοιμεν ὀνείδη τε ἕξειν
καὶ τιμωρίας ὑφέξειν, οὔ τι παρὰ τοῖς ἀνθρώποις ἐνθάδε 7ο
(καίτοι καὶ τοῦτο οὐ μικρὸν τῷ γε νοῦν ἔχοντι), ἀλλ᾽ ἐν
τοῖς, εἴτε ὑπὸ γῆν, εἴτε καὶ ὅπου δὴ τοῦ παντὸς ὄντα
τυγχάνει, δικαιωτηρίοις. Ὡς τῷ μὲν ἀκουσίως τοῦ προσή-
κοντος ἁμαρτόντι κἂν συγγνώμη τις ἴσως παρὰ τοῦ Θεοῦ
γένοιτο· τῷ δὲ ἐξεπίτηδες τὰ χείρω προελομένῳ οὐδε- 75
μία παραίτησις τὸ μὴ οὐχὶ πολλαπλασίω τὴν κόλασιν
ὑποσχεῖν.

IX Τί οὖν ποιῶμεν; φαίη τις ἄν. Τί ἄλλο γε ἢ τῆς
ψυχῆς ἐπιμέλειαν ἔχειν, πᾶσαν σχολὴν ἀπὸ τῶν ἄλλων
ἄγοντας; Οὐ δὴ οὖν τῷ σώματι δουλευτέον, ὅτι μὴ πᾶσα
ἀνάγκη· ἀλλὰ τῇ ψυχῇ τὰ βέλτιστα ποριστέον, ὥσπερ ἐκ

62 ἐπιτηδείων F : ἐπιτήδειον reliqui omnes ‖ 64 ἔμμεναι : ἐμμεῖνα
ABCGX, ἔμμενε V.

pour l'âme, il faut lui procurer ce qui lui est le meilleur, et
ainsi que d'une prison*, la libérer, par la philosophie**, du
lien qui l'associe aux passions du corps, et en même temps
mettre le corps à même de vaincre ces passions ; au ventre*,
administrer le nécessaire, non le plus agréable, comme ces
gens qui ne rêvent que de dresseurs de table et de cuisiniers,
et qui explorent dans toute leur étendue la terre et la mer,
comme s'ils allaient porter tribut à un maître exigeant ; dignes
de pitié pour leurs agitations, victimes de tourments non
moins intolérables que ceux des damnés en enfer : c'est véritablement carder sa laine pour le feu*, porter de l'eau dans un
crible, puiser pour remplir un tonneau percé ; et il n'y a
point de terme à leurs fatigues.

D'autre part, prendre de sa chevelure et de son vêtement,
hors le cas de nécessité, un soin excessif, c'est d'un malheureux, suivant le mot de Diogène[1], ou d'un coupable. Si bien
que d'être un élégant et d'en porter le nom*, doit paraître
aussi honteux, je le déclare, à des hommes comme vous, que
de se prostituer ou d'attenter au mariage d'autrui. Quelle
importance peut-il y avoir, du moins pour un homme intelligent*, à se draper dans une tunique fine ou à porter un
manteau grossier, dès lors qu'il ne manque pas de protection
contre l'hiver et contre la chaleur de l'été ? Et de même pour
tout le reste : il ne faut pas, plus abondamment que de
besoin, se le procurer, ni donner au corps plus de soins que
n'en exige le bien de l'âme. Car ce n'est pas une moindre
honte pour un homme, du moins s'il est vraiment digne de
ce nom, d'être élégant et ami de sa personne, que de s'aban
donner bassement à une autre passion. Consacrer exclusivement ses soins à procurer le bien-être de son corps c'est
ne pas se connaître soi-même, et ne pas comprendre cette
sage maxime*, que ce n'est pas ce qu'on voit qui constitue
l'homme ; mais qu'on a besoin d'une sagesse supérieure, grâce
à laquelle chacun de nous connaîtra qui il est. Et ceci, quand

---

1. Voyez Diog. Laërce (VI, c. 2, 54) : « Διογένης μειράκιον ἰδὼν
καλλωπιζόμενον ἔφη· εἰ μὲν πρὸς ἄνδρας, ἀτυχεῖς· εἰ δὲ πρὸς γυναῖκας,
ἀδικεῖς. »

δεσμωτηρίου τῆς πρὸς τὰ τοῦ σώματος πάθη κοινωνίας 5
αὐτὴν διὰ φιλοσοφίας λύοντας, ἅμα δὲ καὶ τὸ σῶμα τῶν
παθῶν κρεῖττον ἀπεργαζομένους, γαστρὶ μέν γε τὰ ἀναγ-
καῖα ὑπηρετοῦντας, οὐχὶ τὰ ἥδιστα, ὡς οἵ γε τραπεζο-
ποιούς τινας καὶ μαγείρους περινοοῦντες, καὶ πᾶσαν
διερευνώμενοι γῆν τε καὶ θάλασσαν, οἷόν τινι χαλεπῷ 10
δεσπότῃ φόρους ἀπάγοντες, ἐλεεινοὶ τῆς ἀσχολίας, τῶν ἐν
ᾅδου κολαζομένων οὐδὲν πάσχοντες ἀνεκτότερον, ἀτεχνῶς
εἰς πῦρ ξαίνοντες, καὶ κοσκίνῳ φέροντες ὕδωρ, καὶ εἰς
τετρημένον ἀντλοῦντες πίθον, οὐδὲν πέρας τῶν πόνων
ἔχοντες. Κουρὰς δὲ καὶ ἀμπεχόνας ἔξω τῶν ἀναγκαίων 15
περιεργάζεσθαι, ἢ δυστυχούντων ἐστί, κατὰ τὸν Διογένους
λόγον, ἢ ἀδικούντων. Ὥστε καλλωπιστὴν εἶναι καὶ
ὀνομάζεσθαι ὁμοίως αἰσχρὸν ἡγεῖσθαί φημι δεῖν τοὺς
τοιούτους ὡς τὸ ἑταιρεῖν ἢ ἀλλοτρίοις γάμοις ἐπιβουλεύειν.
Τί γὰρ ἂν διαφέροι, τῷ γε νοῦν ἔχοντι, ξυστίδα ἀναβεβλῆ- 20
σθαι, ἤ τι τῶν φαύλων ἱμάτιον φέρειν, ἕως ἂν μηδὲν
ἐνδέῃ τοῦ πρὸς χειμῶνά τε εἶναι καὶ θάλπος ἀλεξητήριον ;
Καὶ τἄλλα δὴ τὸν αὐτὸν τρόπον μὴ περιττότερον τῆς
χρείας κατεσκευάσθαι, μηδὲ περιέπειν τὸ σῶμα πλέον ἢ
ὡς ἄμεινον τῇ ψυχῇ. Οὐχ ἧττον γὰρ ὄνειδος ἀνδρί, τῷ γε 25
ὡς ἀληθῶς τῆς προσηγορίας ταύτης ἀξίῳ, καλλωπιστὴν
καὶ φιλοσώματον εἶναι, ἢ πρὸς ἄλλο τι τῶν παθῶν ἀγεννῶς
διακεῖσθαι. Τὸ γὰρ τὴν πᾶσαν σπουδὴν εἰσφέρεσθαι ὅπως
ὡς κάλλιστα αὐτῷ τὸ σῶμα ἕξοι οὐ διαγινώσκοντός ἐστιν
ἑαυτόν, οὐδὲ συνιέντος τοῦ σοφοῦ παραγγέλματος, ὅτι οὐ 30
τὸ ὁρώμενόν ἐστιν ὁ ἄνθρωπος, ἀλλά τινος δεῖ περιττο-
τέρας σοφίας, δι᾽ ἧς ἕκαστος ἡμῶν ὅστις ποτέ ἐστιν
ἑαυτὸν ἐπιγνώσεται. Τοῦτο δὲ μὴ καθηραμένοις τὸν νοῦν

IX 5 τῆς πρὸς τὰ τοῦ σώματος πάθη κοινωνίας BCDEGIYZ : τῆς
πρὸς τὸ σῶμα κοινωνίας AFHVX ‖ 8 ἥδιστα : ἥδιστα προσῆκεν BCFH ‖
14 τετρημένον CDEI (η 2ª manu) KMR : τετρημμένον PTVa, τετριμμέ-
νον ABFGHXYZ ‖ 21 ἱμάτιον HVKNO : ἱματίων ceteri ‖ ἕως ἂν DH :
ἕως ceteri ‖ φέρειν : φορεῖν G (ε supra o positum) NPRTU, fortasse
recte ‖ 29 ἕξοι : ἕξει FPTU (οι suprascriptum) a ‖ 31 δεῖ : δεῖται EYZ.

on ne s'est pas purifié l'esprit, est plus impossible qu'à des yeux chassieux de regarder le soleil. Or la purification de l'âme*, pour le dire en un mot et d'une manière qui vous suffise, c'est de traiter les plaisirs des sens avec mépris ; ne pas repaître ses yeux des exhibitions bizarres des charlatans, ou du spectacle de corps qui enfoncent en nous l'aiguillon du plaisir ; ne pas permettre aux oreilles de verser dans l'âme une mélodie dissolue [1] ; car certes, des passions, filles de la grossièreté et de l'abjection, sous l'influence de cette sorte de musique*, y naissent naturellement ; au contraire, il nous faut rechercher l'autre musique, qui tout à la fois vaut mieux et porte au mieux, celle qui servit aussi à David, le poète des psaumes sacrés, pour tirer, à ce qu'on dit, le roi de sa folie*. On raconte aussi que Pythagore* fit la rencontre de débauchés ivres, et qu'il invita le joueur de flûte, qui donnait le ton à l'orgie, à changer d'air et à leur jouer de la flûte sur le mode dorien ; ils se ressaisirent si bien sous l'effet de la musique qu'ils rejetèrent leurs couronnes, et pleins de confusion firent demi-tour ; mais d'autres, au son de la flûte, font les Cory-bantes ou les Bacchants*. Tant il y a de différence à se laisser envahir par une mélodie honnête ou une mélodie licencieuse !

Aussi celle qui aujourd'hui a la vogue doit-elle moins obtenir votre adhésion que n'importe laquelle des horreurs reconnues. Quant à ces vapeurs de toutes sortes qui apportent de la volupté à l'odorat en se mélangeant à l'air, ou ces par-fums dont on se teint, je rougis même de vous les défendre. Et que dire sur l'obligation de ne pas rechercher les jouissances du toucher et du goût, sinon qu'elles contraignent ceux qui vaquent à leur poursuite, à vivre ainsi que le bétail, penchés vers leur ventre, et ce qui est au-dessous*.

En un mot il faut mépriser tout le corps, si l'on ne veut pas se laisser, comme dans un bourbier, enfouir dans ses voluptés, ou bien il ne faut s'y attacher que dans la mesure, dit Platon, où l'on y gagne un auxiliaire pour la philosophie*,

---

1. Τῶν ψυχῶν καταχεῖν : voy. Platon *Rép.*, 411 A.

ἀδυνατώτερον ἢ λημῶντι πρὸς τὸν ἥλιον ἀναβλέψαι.
Κάθαρσις δὲ ψυχῆς, ὡς ἀθρόως τε εἰπεῖν καὶ ὑμῖν ἱκανῶς, 35
τὰς διὰ τῶν αἰσθήσεων ἡδονὰς ἀτιμάζειν· μὴ ὀφθαλμοὺς
ἑστιᾶν ταῖς ἀτόποις τῶν θαυματοποιῶν ἐπιδείξεσιν, ἢ
σωμάτων θέαις ἡδονῆς κέντρον ἐναφιέντων, μὴ διὰ τῶν
ὤτων διεφθαρμένην μελῳδίαν τῶν ψυχῶν καταχεῖν. Ἀνε-
λευθερίας γὰρ δὴ καὶ ταπεινότητος ἔκγονα πάθη ἐκ τοῦ 40
τοιοῦδε τῆς μουσικῆς εἴδους ἐγγίνεσθαι πέφυκεν. Ἀλλὰ
τὴν ἑτέραν μεταδιωκτέον ἡμῖν, τὴν ἀμείνω τε καὶ εἰς
ἄμεινον φέρουσαν, ᾗ καὶ Δαβὶδ χρώμενος, ὁ ποιητὴς τῶν
ἱερῶν ᾀσμάτων, ἐκ τῆς μανίας, ὥς φασι, τὸν βασιλέα
καθίστη. Λέγεται δὲ καὶ Πυθαγόραν, κωμασταῖς περιτυ- 45
χόντα μεθύουσι, κελεῦσαι τὸν αὐλητὴν τὸν τοῦ κώμου
κατάρχοντα, μεταβαλόντα τὴν ἁρμονίαν, ἐπαυλῆσαί σφισι
τὸ Δώριον· τοὺς δὲ οὕτως ἀναφρονῆσαι ὑπὸ τοῦ μέλους
ὥστε τοὺς στεφάνους ῥίψαντας, αἰσχυνομένους ἐπανελθεῖν.
Ἕτεροι δὲ πρὸς αὐλὸν κορυβαντιῶσι καὶ ἐκβακχεύονται. 50
Τοσοῦτόν ἐστι τὸ διάφορον ὑγιοῦς ἢ μοχθηρᾶς μελῳδίας
ἀναπλησθῆναι. Ὥστε τῆς νῦν δὴ κρατούσης ταύτης
ἧττον ὑμῖν μεθεκτέον ἢ οὑτινοσοῦν τῶν προδήλως αἰσχίστων.
Ἀτμούς γε μὴν παντοδαποὺς ἡδονὴν ὀσφρήσει φέροντας
τῷ ἀέρι καταμιγνύναι, ἢ μύροις ἑαυτοὺς ἀναχρώννυσθαι, 55
καὶ ἀπαγορεύειν αἰσχύνομαι. Τί δ᾽ ἄν τις εἴποι περὶ τοῦ
μὴ χρῆναι τὰς ἐν ἁφῇ καὶ γεύσει διώκειν ἡδονάς, ἢ ὅτι
καταναγκάζουσιν αὗται τοὺς περὶ τὴν ἑαυτῶν θήραν
ἐσχολακότας, ὥσπερ τὰ θρέμματα, πρὸς τὴν γαστέρα καὶ
τὰ ὑπ᾽ αὐτὴν συννενευκότας ζῆν; 60
Ἑνὶ δὲ λόγῳ, παντὸς ὑπεροπτέον τοῦ σώματος τῷ μὴ
ὡς ἐν βορβόρῳ ταῖς ἡδοναῖς αὐτοῦ κατορωρύχθαι μέλλοντι,
ἢ τοσοῦτον ἀνθεκτέον αὐτοῦ ὅσον, φησὶ Πλάτων, ὑπη-

39 καταχεῖν CDEFGIKN : κατασχεῖν ABHMOVXYZ, καταλεῖν PT
(υ suprascriptum intra α et λ) ‖ 47 σφισι CDFGHIVY : φησι ABEXY
‖ 53 προδήλως αἰσχίστων DHI : προδήλων αἰσχίστων G, αἰσχίστων
reliqui ‖ 61 παντός. Boissonade apud Frémion conjecit πάντως.

précepte conforme, si je ne me trompe, à celui de Paul* qui nous avertit de n'avoir pas soin du corps pour en alimenter les convoitises. Ou alors quelle différence y a-t-il entre ceux qui ne songeant qu'à procurer le bien-être du corps, traitent l'âme dont il doit être l'instrument comme une non-valeur, par le mépris, et ceux qui appliquent tous leurs soins aux outils, sans souci de l'art qui les rend efficaces ? C'est tout au contraire le châtier et le contenir comme les assauts d'une bête féroce, qu'il conviendrait, et les troubles qu'il engendre dans l'âme, il faut comme avec un fouet les toucher par la raison pour les calmer, au lieu de lâcher toute bride au plaisir et de voir d'un œil tranquille notre intelligence, — comme un cocher[1] emporté par des chevaux indociles et qui cèdent à leur fougue — entraînée par leur violence. Il faut se souvenir aussi de Pythagore : avisant un de ses disciples qui par la gymnastique et la bonne chère se faisait un bel embonpoint, il lui dit : « Un tel, ne vas-tu pas cesser de te rendre plus dure à toi-même ta prison ?* » C'est pourquoi aussi Platon, à ce qu'on dit, en prévision du préjudice qu'on reçoit du corps, s'établit dans une région malsaine de l'Attique, dans l'Académie*, intentionnellement, afin de retrancher l'excès de délicatesse dans son corps, comme dans une vigne la végétation superflue. Et moi-même, je sais, par des médecins*, qu'il y a même du danger dans l'excès de santé.

Puis donc que ce soin exagéré du corps est à la fois un désavantage pour le corps lui-même et un empêchement pour l'âme, de s'abaisser sous lui et de s'en rendre esclave, ce serait manifestement de la folie. Mais certes, si nous nous exercions à le mépriser, je ne sais trop ce que nous pourrions encore admirer parmi les choses humaines. Que nous servira encore la richesse, si les voluptés du corps sont l'objet de nos dédains ? Pour ma part je ne le vois pas, à moins que, à l'imitation des dragons de la Fable*, nous ne prenions du plaisir à veiller sur des trésors enfouis. En vérité quand on

---

1. Voy. plus haut VII, 19 et la note. Ajoutez de S. Basile, *hom.* III (II, 23 A) ; VIII (II, 62 C).

ρεσίαν φιλοσοφία κτωμένους, ἐοικότα που λέγων τῷ
Παύλῳ, ὃς παραινεῖ μηδεμίαν χρῆναι τοῦ σώματος 65
πρόνοιαν ἔχειν εἰς ἐπιθυμιῶν ἀφορμήν. Ἢ τί διαφέρουσιν
οἳ τοῦ μὲν σώματος, ὡς ἂν κάλλιστα ἔχοι, φροντίζουσι,
τὴν δὲ χρησομένην αὐτῷ ψυχὴν ὡς οὐδενὸς ἀξίαν
περιορῶσι, τῶν περὶ τὰ ὄργανα σπουδαζόντων, τῆς δὲ δι'
αὐτῶν ἐνεργούσης τέχνης καταμελούντων ; Πᾶν μὲν οὖν 70
τοὐναντίον κολάζειν αὐτὸ καὶ κατέχειν, ὥσπερ θηρίου τὰς
ὁρμάς, προσῆκε καὶ τοὺς ἀπ' αὐτοῦ θορύβους ἐγγινομένους
τῇ ψυχῇ οἱονεὶ μάστιγι τῷ λογισμῷ καθικνουμένους
κοιμίζειν, ἀλλὰ μὴ πάντα χαλινὸν ἡδονῆς ἀνέντας
περιορᾶν τὸν νοῦν ὥσπερ ἡνίοχον ὑπὸ δυσηνίων ἵππων 75
ὕβρει φερομένων παρασυρόμενον ἄγεσθαι· καὶ τοῦ Πυθαγόρου μεμνῆσθαι, ὃς τῶν συνόντων τινὰ καταμαθὼν
γυμνασίοις τε καὶ σιτίοις ἑαυτὸν εὖ μάλα κατασαρκοῦντα·
« Οὗτος, ἔφη, οὐ παύσῃ χαλεπώτερον σεαυτῷ κατασκευά-
ζων τὸ δεσμωτήριον ;» Διὸ δὴ καὶ Πλάτωνά φασι, τὴν ἐκ 80
σώματος βλάβην προειδόμενον, τὸ νοσῶδες χωρίον τῆς
Ἀττικῆς τὴν Ἀκαδημίαν καταλαβεῖν ἐξεπίτηδες, ἵνα τὴν
ἄγαν εὐπάθειαν τοῦ σώματος, οἷον ἀμπέλου τὴν εἰς τὰ
περιττὰ φοράν, περικόπτοι. Ἐγὼ δὲ καὶ σφαλερὰν εἶναι
τὴν ἐπ' ἄκρον εὐεξίαν ἰατρῶν ἤκουσα. 85

Ὅτε τοίνυν ἡ ἄγαν αὕτη τοῦ σώματος ἐπιμέλεια αὐτῷ
τε ἀλυσιτελὴς τῷ σώματι, καὶ πρὸς τὴν ψυχὴν ἐμπόδιόν
ἐστι, τό γε ὑποπεπτωκέναι τούτῳ καὶ θεραπεύειν μανία
σαφής. Ἀλλὰ μὴν εἰ τούτου γε ὑπερορᾶν μελετήσαιμεν,
σχολῇ γ' ἂν ἄλλο τι τῶν ἀνθρωπίνων θαυμάσαιμεν. Τί γὰρ 90
ἔτι χρησόμεθα πλούτῳ, τὰς διὰ τοῦ σώματος ἡδονὰς
ἀτιμάζοντες ; Ἐγὼ μὲν οὐχ ὁρῶ, πλὴν εἰ μή, κατὰ τοὺς
ἐν τοῖς μύθοις δράκοντας, ἡδονήν τινα φέροι θησαυροῖς
κατορωρυγμένοις ἐπαγρυπνεῖν. Ὅ γε μὴν ἐλευθερίως πρὸς

69 περὶ τὰ ὄργανα : περὶ μὲν τὰ ὄργανα HX, περὶ τὰ ὄργανα μὲν I ||
79 οὗτος BFG (ᾧ οὗτος) Z (in rasura) : οὕτως ACEHIVX || 84 περι-
κόπτοι BCEFGHIZ : περικόπτη AX || 86 ὅτε : ὅτι ABCF.

est disposé par l'éducation à envisager en hommes libres les
choses de cette sorte, on est bien éloigné de vouloir jamais
rien de bas ni de honteux en action ou en parole. Car ce qui
passe le nécessaire, fût-ce les paillettes de Lydie*, fût-ce
l'œuvre des fourmis aurifères, on le dédaignera d'autant plus
qu'on en sentira moins le besoin ; et l'usage même évidemment, c'est sur les nécessités de la nature, non sur les plaisirs qu'on le règlera. Car quand on est sorti de ces limites
nécessaires, on ressemble à ceux qui sont entraînés sur une
pente, sans une halte où poser le pied, sans un point où
arrêter le mouvement en avant ; à proportion qu'on a
accumulé des richesses, on en veut autant et davantage
encore, pour l'assouvissement de sa passion, si l'on en croit
le fils d'Exékestidès, Solon, qui dit :

De la richesse il n'est pas de borne établie pour les hommes[1].

Et Théognis en cela doit nous servir de maître, quand il
dit :

Je ne désire pas la richesse, ni ne la souhaite, mais qu'il me soit
donné de vivre de mon peu, sans avoir de mal[2].

Pour moi, même en Diogène*, j'admire ce mépris où il
englobait toutes les choses humaines : c'est ainsi qu'il se
déclarait plus riche même que le Grand Roi, ayant moins
que lui de besoins pour vivre. Et nous donc, si nous ne pos-
sédons les trésors de Pythios de Mysie*, tant et tant d'ar-
pents de terre, des nuées de bestiaux à défier le calcul, nous ne
serons point satisfaits ? A mon avis, il convient, quand la
richesse est absente, de ne pas la désirer, et présente, d'être
moins glorieux de sa possession que de l'emploi qu'on en sait
faire. Car Socrate avait raison*, quand, à propos d'un riche,
fier de ses biens, il disait qu'il ne l'admirerait pas avant
d'avoir éprouvé qu'il savait en user. Ou alors Phidias * et

---

1. Voy. dans Solon fr. 1, v. 7 Diehl, et Théognis 227 : mais ici
on lit πεφασμένον ἀνθρώποισιν.
2. Voy. *ouvr. cité*, Théognis, 1155-1156 ; p. 112.

τὰ τοιαῦτα διακεῖσθαι πεπαιδευμένος πολλοῦ ἂν δέοι 95
ταπεινόν τι καὶ αἰσχρὸν ἔργῳ ἢ λόγῳ ποτὲ προελέσθαι. Τὸ
γὰρ τῆς χρείας περιττότερον, κἂν Λύδιον ᾖ ψῆγμα, κἂν
τῶν μυρμήκων ἔργον τῶν χρυσοφόρων, τοσούτῳ πλέον
ἀτιμάσει ὅσῳπερ ἂν ἧττον προσδέηται· αὐτὴν δὲ δήπου
τὴν χρείαν τοῖς τῆς φύσεως ἀναγκαίοις, ἀλλ᾽ οὐ ταῖς 100
ἡδοναῖς ὁριεῖται. Ὡς οἴ γε τῶν ἀναγκαίων ὅρων ἔξω
γενόμενοι, παραπλησίως τοῖς κατὰ τοῦ πρανοῦς φερο-
μένοις, πρὸς οὐδὲν στάσιμον ἔχοντες ἀποβῆναι, οὐδαμοῦ
τῆς εἰς τὸ πρόσω φορᾶς ἵστανται· ἀλλ᾽ ὅσῳπερ ἂν πλείω
προσπεριβάλωνται, τοῦ ἴσου δέονται ἢ καὶ πλείονος πρὸς 105
τὴν τῆς ἐπιθυμίας ἐκπλήρωσιν, κατὰ τὸν Ἐξηκεστίδου
Σόλωνα, ὅς φησι·

Πλούτου δ᾽ οὐδὲν τέρμα πεφασμένον ἀνδράσι κεῖται.

Τῷ δὲ Θεόγνιδι πρὸς ταῦτα διδασκάλῳ χρηστέον λέγοντι·

Οὐκ ἔραμαι πλουτεῖν, οὔτ᾽ εὔχομαι, ἀλλά μοι εἴη 110
Ζῆν ἀπὸ τῶν ὀλίγων, μηδὲν ἔχοντι κακόν.

Ἐγὼ δὲ καὶ Διογένους ἄγαμαι τὴν πάντων ὁμοῦ τῶν
ἀνθρωπίνων ὑπεροψίαν, ὅς γε καὶ βασιλέως τοῦ μεγάλου
ἑαυτὸν ἀπέφηνε πλουσιώτερον, τῷ ἐλαττόνων ἢ ἐκεῖνος
κατὰ τὸν βίον προσδεῖσθαι. Ἡμῖν δὲ ἄρα εἰ μὴ τὰ Πυθίου 115
τοῦ Μυσοῦ προσείη τάλαντα, καὶ πλέθρα γῆς τόσα καὶ
τόσα, καὶ βοσκημάτων ἐσμὶ πλείους ἢ ἀριθμῆσαι, οὐδὲν
ἐξαρκέσει· Ἀλλ᾽, οἶμαι, προσήκει ἀπόντα τε μὴ ποθεῖν
τὸν πλοῦτον, καὶ παρόντος μὴ τῷ κεκτῆσθαι μᾶλλον
φρονεῖν ἢ τῷ εἰδέναι αὐτὸν εὖ διατίθεσθαι. Τὸ γὰρ τοῦ 120
Σωκράτους εὖ ἔχει· ὃς μέγα φρονοῦντος πλουσίου ἀνδρὸς
ἐπὶ τοῖς χρήμασιν, οὐ πρότερον αὐτὸν θαυμάσειν ἔφη πρὶν
ἂν καὶ ὅτι κεχρῆσθαι τούτοις ἐπίσταται πειραθῆναι. Ἡ

---

105 τοῦ ἴσου : τοσούτου G (suprascriptum τοῦ ἴσου) H. || 110 οὐκ
ἔραμαι πλουτεῖν οὔτ᾽ εὔχομαι ZI² : οὐκ εὔχομαι πλουτεῖν οὔτ᾽ ἔραμαι
ABCEFGHVXY || 120 εὖ EINRSU : om. ceteri.

Polyclète, s'ils avaient tiré vanité de l'or et de l'ivoire qui
avaient servi à l'un pour faire le Zeus des Eléens, à l'autre
la Héra des Argiens, se seraient couverts de ridicule, à se
parer d'une richesse étrangère, sans tenir compte de l'art qui
à l'or même avait donné plus de charme et de prix ; mais
nous, si nous estimons que la vertu de l'homme ne tire pas
d'elle-même une parure suffisante, croyons-nous notre
conduite moins honteuse ?

Mais en vérité, si nous dédaignons la richesse, si nous
méprisons les plaisirs des sens, est-ce la flatterie et l'adulation
que nous allons rechercher ? imiterons-nous la ruse et l'astuce
du renard d'Archiloque* ? Non, car il n'y a rien qui soit plus
à éviter au sage que de conformer sa vie à l'opinion, d'examiner ce qui plaît à la foule, au lieu de prendre la droite
raison pour guide de sa vie, et, dût-il être en opposition avec
tous les hommes, dût-il affronter mépris et dangers pour la
vertu, d'aimer mieux demeurer inébranlable dans les principes
qu'il connaît pour vrais. Celui qui n'est pas ainsi, en quoi
diffère-t-il, dirons-nous, de ce sophiste d'Egypte [1], qui se
changeait en plante, en bête, à son gré, en feu, en eau, en
toute espèce de choses ? Puisque aussi bien on l'entendra
tantôt faire l'éloge de la justice devant ceux qui en font de
l estime, tantôt émettre des propos contraires, quand il sent
l'injustice bien vue, ce qui est un article de la justice pour les
flatteurs. Et comme on dit que le polype change de couleur
suivant le sol qui le supporte*, on le verra changer de senti-
ments suivant l'opinion de son milieu.

X   Tout cela, sans doute, nous l'apprendrons aussi dans
nos écrits* d'une façon plus parfaite. Mais une sorte d'esquisse
de la vertu nous sera, pour le moment du moins, tracée
d'après les enseignements profanes. Ceux qui prennent soin

---

1. Il s'agit de Protée (voy. Homère, *Od.* IV, 384 suiv., 455 suiv. ;
Virgile, *Géorg.*, IV, 388 suiv.). S. Basile emprunte l'expression à
Platon, Euthydème 288 B (comp. *Ion*, 541 E), sans s'apercevoir que
Platon l'emploie malicieusement contre les Sophistes de son temps,
auxquels il compare Protée.

Φειδίας μὲν καὶ Πολύκλειτ‹‹ς, εἰ τῷ χρυσίῳ μέγα ἐφρόνουν
καὶ τῷ ἐλέφαντι ὧν ὁ μὲν Ἠλείοις τὸν Δία, ὁ δὲ τὴν   125
Ἥραν Ἀργείοις ἐποιησάτην, καταγελάστω ἂν ἤστην
ἀλλοτρίῳ πλούτῳ καλλωπιζόμενοι, ἀφέντες τὴν τέχνην,
ὑφ' ἧς καὶ ὁ χρυσὸς ἥδίων καὶ τιμιώτερος ἀπεδείχθη·
ἡμεῖς δέ, τὴν ἀνθρωπείαν ἀρετὴν οὐκ ἐξαρκεῖν ἑαυτῇ πρὸς
κόσμον ὑπολαμβάνοντες, ἐλάττονος αἰσχύνης ἄξια ποιεῖν   130
οἰόμεθα ;
      Ἀλλὰ δῆτα πλούτου μὲν ὑπεροψόμεθα, καὶ τὰς διὰ τῶν
αἰσθήσεων ἡδονὰς ἀτιμάσομεν, κολακείας δὲ καὶ θωπείας
διωξόμεθα, καὶ τῆς Ἀρχιλόχου ἀλώπεκος τὸ κερδαλέον τε
καὶ ποικίλον ζηλώσομεν ; Ἀλλ' οὐκ ἔστιν ὃ μᾶλλον   135
φευκτέον τῷ σωφρονοῦντι τοῦ πρὸς δόξαν ζῆν, καὶ τὰ τοῖς
πολλοῖς δοκοῦντα περισκοπεῖν, καὶ μὴ τὸν ὀρθὸν λόγον
ἡγεμόνα ποιεῖσθαι τοῦ βίου, ὥστε, κἂν πᾶσιν ἀνθρώποις
ἀντιλέγειν, κἂν ἀδοξεῖν καὶ κινδυνεύειν ὑπὲρ τοῦ καλοῦ
δέῃ, μηδὲν αἱρεῖσθαι τῶν ὀρθῶς ἐγνωσμένων παρακινεῖν.   140
Ἢ τὸν μὴ οὕτως ἔχοντα τί τοῦ Αἰγυπτίου σοφιστοῦ
φήσομεν ἀπολείπειν, ὃς φυτὸν ἐγίγνετο καὶ θηρίον, ὁπότε
βούλοιτο, καὶ πῦρ καὶ ὕδωρ καὶ πάντα χρήματα ; εἴπερ δὴ
καὶ αὐτὸς νῦν μὲν τὸ δίκαιον ἐπαινέσεται παρὰ τοῖς τοῦτο
τιμῶσι, νῦν δὲ τοὺς ἐναντίους ἀφήσει λόγους, ὅταν τὴν   145
ἀδικίαν εὐδοκιμοῦσαν αἴσθηται, ὅπερ δίκης ἐστὶ κολάκων.
Καὶ ὥσπερ φασὶ τὸν πολύποδα τὴν χρόαν πρὸς τὴν ὑποκει-
μένην γῆν, οὕτως αὐτὸς τὴν διάνοιαν πρὸς τὰς τῶν
συνόντων γνώμας μεταβαλεῖται.

      X Ἀλλὰ ταῦτα μέν που κἂν τοῖς ἡμετέροις λόγοις
τελειότερον μαθησόμεθα· ὅσον δὲ σκιαγραφίαν τινὰ τῆς
ἀρετῆς, τό γε νῦν εἶναι, ἐκ τῶν ἔξωθεν παιδευμάτων
περιγραψώμεθα. Τοῖς γὰρ ἐπιμελῶς ἐξ ἑκάστου τὴν ὠφέ-

146 ὅπερ δίκης : ὅπερ δίκη S, ἥπερ δίκη GH ‖ 149 μεταβαλεῖται GH :
μεταβάλλεσθαι ΕΥ, μεταβάλλεται ABCFIVXZ.

de ramasser dans chaque chose ce qu'elle a d'utile, ressem-
blent aux grands fleuves : des accroissements multiples leur
arrivent de toutes parts naturellement. Car le conseil de
« mettre peu sur peu* », c'est moins par rapport à l'accroissement de la richesse qu'à des connaissances de toute nature
aussi, qu'il convient de le croire bien dit par le poète. Ainsi
Bias* répondit à son fils, qui à son départ pour l'Egypte lui
demandait ce qu'il pourrait lui faire de plus agréable : « d'acquérir, lui dit-il, des provisions pour la vieillesse » ; c'est la
vertu évidemment qu'il voulait dire par provisions, en la cir-
conscrivant dans des limites étroites, puisqu'il bornait à la vie
humaine l'utilité qu'on en tire. Pour moi, quand l'on me par-
lerait de la vieillesse de Tithonos*, de celle d'Arganthonios,
ou de celui des nôtres dont la vie fut la plus longue, Mathu-
salem*, qui passe pour avoir vécu neuf cent soixante-dix ans ;
quand on mesurerait tout le temps écoulé depuis qu'il y a
des hommes, je m'en moquerai comme d'une imagination
d'enfants, l'œil fixé sur cette durée sans fin ni vieillesse,
dont nul terme n'est concevable à la pensée, pas plus qu'il ne
lui est possible de supposer une fin à l'âme immortelle. C'est
précisément pour ce temps que je veux vous exhorter à
acquérir vos provisions, à remuer — comme dit le proverbe
— toute pierre*, d'où vous peut venir le secours utile pour y
atteindre. C'est une chose difficile et qui demande de la peine,
mais ne reculons pas pour cela. Rappelons-nous plutôt ce
conseiller qui faisait un devoir à chacun de choisir le genre
de vie le plus honnête, et d'attendre* de l'habitude qu'il
devînt agréable ; et mettons la main à l'œuvre la meilleure. Il serait honteux de négliger le temps présent, et
plus tard d'avoir à regretter le passé, dans un temps où nous
perdrions notre peine à nous affliger.

Pour moi en conséquence, les conseils que je crois les
meilleurs, je vous les donne en partie aujourd'hui ; le reste,
c'est dans tout le cours de la vie que je vous l'indiquerai.
Quant à vous, de trois sortes de malades*, gardez-vous de
ressembler aux incurables et de montrer votre âme atteinte
des mêmes infirmités que leurs corps. Ceux qui souffrent

λείαν ἀθροίζουσιν, ὥσπερ τοῖς μεγάλοις τῶν ποταμῶν, 5
πολλαὶ γίνεσθαι πολλαχόθεν αἱ προσθῆκαι πεφύκασι. Τὸ
γὰρ καὶ σμικρὸν ἐπὶ σμικρῷ κατατίθεσθαι, οὐ μᾶλλον εἰς
ἀργυρίου προσθήκην ἢ καὶ εἰς ἡντιναοῦν ἐπιστήμην, ὀρθῶς
ἔχειν ἡγεῖσθαι τῷ ποιητῇ προσῆκεν. Ὁ μὲν οὖν Βίας τῷ
υἱεῖ, πρὸς Αἰγυπτίους ἀπαίροντι, καὶ πυνθανομένῳ τί ἂν 10
ποιῶν αὐτῷ μάλιστα κεχαρισμένα πράττοι· «Ἐφόδιον, ἔφη,
πρὸς γῆρας κτησάμενος», τὴν ἀρετὴν δὴ τὸ ἐφόδιον λέγων,
μικροῖς ὅροις αὐτὴν περιγράφων, ὅς γε ἀνθρωπίνῳ βίῳ τὴν
ἀπ' αὐτῆς ὠφέλειαν ὡρίζετο. Ἐγὼ δὲ κἂν τὸ Τιθωνοῦ τις
γῆρας, κἂν τὸ Ἀργανθωνίου λέγῃ, κἂν τὸ τοῦ μακροβιω- 15
τάτου παρ' ἡμῖν Μαθουσάλα, ὃς χίλια ἔτη τριάκοντα
δεόντων βιῶναι λέγεται, κἂν σύμπαντα τὸν ἀφ' οὗ
γεγόνασιν ἄνθρωποι χρόνον ἀναμετρῇ, ὡς ἐπὶ παίδων
διανοίας γελάσομαι, εἰς τὸν μακρὸν ἀποσκοπῶν καὶ
ἀγήρω αἰῶνα, οὗ πέρας οὐδὲν ἔστι τῇ ἐπινοίᾳ λαβεῖν, 20
οὐ μᾶλλόν γε ἢ τελευτὴν ὑποθέσθαι τῆς ἀθανάτου
ψυχῆς. Πρὸς ὅνπερ κτᾶσθαι παραινέσαιμ' ἂν τὰ ἐφόδια,
πάντα λίθον, κατὰ τὴν παροιμίαν, κινοῦντας, ὅθεν ἂν
μέλλῃ τις ὑμῖν ἐπ' αὐτὸν ὠφέλεια γενήσεσθαι. Μηδ' ὅτι
χαλεπὰ ταῦτα καὶ πόνου δεόμενα, διὰ τοῦτ' ἀποκνήσω- 25
μεν· ἀλλ' ἀναμνησθέντας τοῦ παραινέσαντος, ὅτι δέοι
βίον μὲν ἄριστον αὐτὸν ἕκαστον προαιρεῖσθαι, ἡδὺν δὲ
προσδοκᾶν τῇ συνηθείᾳ γενήσεσθαι, ἐγχειρεῖν τοῖς βελτίσ-
τοις. Αἰσχρὸν γὰρ τὸν παρόντα καιρὸν προεμένους ὕστε-
ρόν ποτ' ἀνακαλεῖσθαι τὸ παρελθόν, ὅτε οὐδὲν ἔσται πλέον 30
ἀνιωμένοις.

Ἐγὼ μὲν οὖν ἃ κράτιστα εἶναι κρίνω, τὰ μὲν νῦν εἴρηκα,
τὰ δὲ παρὰ πάντα τὸν βίον ὑμῖν συμβουλεύσω· ὑμεῖς
δέ, τριῶν ἀρρωστημάτων, μὴ τῷ ἀνιάτῳ προσεοικέναι
δόξητε, μηδὲ τὴν τῆς γνώμης νόσον παραπλησίαν τῇ τῶν 35
εἰς τὰ σώματα δυστυχησάντων δείξητε. Οἱ μὲν γὰρ τὰ
μικρὰ τῶν παθῶν κάμνοντες, αὐτοὶ παρὰ τοὺς ἰατροὺς
ἔρχονται· οἱ δὲ ὑπὸ μειζόνων καταληφθέντες ἀρρωστη-

6.

d'une affection légère, vont en personne trouver le médecin ;
ceux qui sont aux prises avec de plus graves maladies, font
venir chez eux ceux dont ils attendent des soins. Mais ceux
qui sont tombés dans un accès absolument incurable de bile
noire ne leur ouvrent même pas quand ils viennent.

N'en faites pas autant aujourd'hui, vous, et que les raison-
nements justes ne vous fassent pas fuir.

μάτων, ἐφ' ἑαυτοὺς καλοῦσι τοὺς θεραπεύσοντας· οἱ δὲ
εἰς ἀνήκεστον παντελῶς μελαγχολίας παρενεχθέντες,
οὐδὲ προσιόντας προσίενται. Ὃ μὴ πάθητε νῦν ὑμεῖς   40
τοὺς ὀρθῶς ἔχοντας τῶν λογισμῶν ἀποφεύγοντες.

X   39 θεραπεύσοντας : θεραπεύοντας BG (σον suprascriptum) H,
θεραπεύσαντας V || 41 προσιόντας : om. K.

NOTES COMPLÉMENTAIRES

A ces notes répond un astérisque placé, dans la traduction, après l'un des mots expliqués.

Page 41.

TITRE. — On lit dans un certain nombre de manuscrits : ὁμιλία πρὸς τ. ν. ; l'expression est évidemment impropre. Quelques autres écrivent : λόγος πρὸς τ. ν. ; la plupart s'abstiennent de toute précision ; on y lit simplement : τοῦ αὐτοῦ πρὸς τ. ν., ce qui ne laisse pas d'être inexact. Car il s'agit moins ici, si l'on se réfère aux expressions de l'auteur (1,8 suiv.), des jeunes gens en général, que de quelques jeunes gens de sa parenté, vraisemblablement ses neveux.

Ligne 9.

* Τοῖς ἄρτι καθισταμένοις τὸν βίον. Sur cet emploi, comp. Eurip., *Suppl.* 522.

Ligne 18.

* Ἐγὼ μὲν... δυσχερές : l'expression est de Démosthène, *Sur la Couronne*, 3.

Page 42, ligne 9.

* Comp. S. Basile, « *In principium proverbiorum* », 17 (II, 112 D; les citations de S. Basile sont faites d'après Sinner, réédition des Bénédictins ; Paris, Gaume, 1839) : τῆς ζωῆς τὰ πηδάλια.

Ligne 13.

* Ἔνθεν ἑλών, expression prise à Homère : voy. par ex. *Od.*, VIII, 500, etc.

Page 43, ligne 17.

* Expression, et idées qu'on trouve dans les vers de S. Grégoire de Naz. à Séleukos, 183 suiv. ; Migne, *P. G.*, XXXVII, 1589.

Ligne 32.

* Τοῖς ἔξω : les sciences du dehors, c.-à-d. non chrétiennes ; comme plus loin τὴν θύραθεν σοφίαν (III, 9), μαθήματα τὰ ἔξωθεν (IV, 1). Voy. encore S. Basile, Hom. 3 sur l'*Hexaemeron*, I, 24 D. Ces expressions se retrouvent chez les autres Pères de l'Église.

Page 44, ligne 16.

* Παρὰ πᾶσιν ἀνθρώποις. Le Ps.-Longin, Περὶ ὕψους, IX, 9, dit en parlant de Moïse : οὐχ ὁ τυχὼν ἀνήρ. Voy. aussi S. Cyrille d'Alexandrie qui, dans son *Apologie contre Julien*, l. 1 (M. *P. G.*, LXXVI, 525 AB), cite plusieurs historiens grecs qui ont parlé avec admiration de Moïse, notamment Diodore.

Ligne 17.

* Τῇ θεωρίᾳ Τοῦ ὄντος. Ailleurs, et dans un autre sens (Comm. sur Isaïe, 6 (I, 382 E), on lit : (Μωϋσης)... τῇ θεωρίᾳ τῶν ὄντων ἀπεσχόλασεν.

Page 45, ligne 13.

* Comp. Platon, *Rép.*, 377 E et 378 ; voy. encore 390 BC. L'auteur fait sans doute allusion à l'*Iliade* d'Homère et à la *Théogonie* d'Hésiode.

Ligne 17.

* Julien en fait l'aveu dans son Κατὰ Χριστιανῶν I (d'après S. Cyrille d'Alex., 44 B : Neumann, p. 167).

Ligne 22,

* Sur l'immoralité du théâtre de l'époque, les témoignages abondent : par ex. Clém. d'Alex., Παιδαγωγός, notamment 76, 3 suiv. (Stählin, I, p. 278); Minucius Felix, *Octavius*, XXXVII, 11 suiv. ; S. Augustin, *De civit. Dei*, I, 32, etc.

Ligne 23.

* Entendez ceux des prosateurs qui ne sont ni des philosophes ni des rhéteurs.

Ligne 25.

* L'art du mensonge : voy. Platon, *Rép.*, 485 C.

Ligne 28.

* Allusion à S. Matthieu, V, 40 ; VII, 1 suiv. ; S. Paul, I Cor. IV, 5 ; VI, 1-7.

Ligne 29.

* Ἐκεῖνα κ. τ. λ. Sur tout ce passage, comp. Grég. Naz. *A Séleukos,* 49 suiv. (M., *P. G.*, XXXVII, 1580.

Ligne 30.

* Lieu commun qu'on trouve au moins cinq fois dans les *Morales* de Plutarque : 30 D, 32 E, 41 F, 79 CD, 673 E. S. Basile semble se rappeler plus précisément ici le passage de Plutarque 79 CD. Voy, aussi Grég. de Naz., *En l'honneur des Machabées,* 12 (M., *P. G.*, XXXV, 933 A); du même, *Eloge funèbre de Basile.* 13 (M., XXXVI, 512 A) ; *A Séleukos,* 41 suiv. (M., XXXVII, 1580 A).

Page 46, ligne 14.

* Comp. Grég. de Naz., *Éloge de Basile*, 11 ; M., *P. G.*, XXXVI, 508 C suiv.

Ligne 21.

* Voy. la note à IV, p. 45, l. 23.

Ligne 26.

* L'expression est de Platon, *Rép.*, 378 E et aussi 377 B ; voy. aussi Plutarque, *De educandis liberis*, c. 5 ; p. 3 F, dont les expressions semblent à plusieurs reprises reproduites par S. Basile.

Page 47, ligne 19.

* Peut-être Libanios, dont S. Basile avait suivi les leçons à Constantinople. Telle était l'estime d'ailleurs qu'on faisait de l'œuvre homérique, qu'au témoignage de Dion Chrysostome, Démocrite prétendait que le poète n'aurait pu atteindre à une telle perfection sans une inspiration divine, « ὡς οὐκ ἐνὸν ἄνευ θείας καὶ δαιμονίας φύσεως οὕτω καλὰ καὶ σοφὰ ἔπη ἐργάσασθαι » (éd. Arnim, II, p. 109, 22 suiv.).

Ligne 23.

* Ulysse (*Od.*, VI). Allusion à sa rencontre avec Nausikaa. Sur tout ce passage, voy. dans S. Grég. de Naz., les vers Περὶ ἀρετῆς, 401 suiv. (M., *P. G.*, XXXVII, 709 A). Les expressions sont parfois les mêmes ; voy. aussi le poème de Nikoboulos à son fils, 207 suiv. (M., *ibid.*, 1536 suiv.).

Ligne 29.

* Τὴν τρυφὴν κ. τ. λ. Voy. *Od.*, VIII, 248 suiv. Le luxe et la mollesse des Phéaciens étaient passés en proverbe: comp. Elien, *Hist. div.*, VII, 2 ; et surtout Horace, ép. I, 15, 23.

Page 48, ligne 7.

* Sur la comparaison de la vie à un jeu de dés, voy. Platon, *Rép.*, 604 C.

Ligne 11.

* Ces vers se trouvent dans les Ἐλεγεῖα de Solon, fr. 4 v. 10 Diehl ; Plutarque, à plusieurs reprises, les attribue au même : *Vita Solon.*, 3 ; *De Tranquill. animi*, 13 ; *De prof. in virt.*, 6 ; *De inimic. util.*, 11.

Ligne 16.

* Voy. Théognis, Ἐλεγεῖα, 157 suiv. C'est Zeus que nomme Théognis.

Ligne 20.

* Ὁ Κεῖός που σοφιστής. Prodikos de Kéos vécut au vᵉ siècle, eut pour élèves notamment Euripide et Xénophon ; son influence se remarque dans le style d'Isocrate et de Thucydide. Le mythe de Héraklès hésitant entre la Vertu et le Vice, se trouvait d'après Suidas (v. Πρόδικος vers la fin), dans un ouvrage aujourd'hui perdu, qui s'intitulait Ὥραι ; il est arrivé à nous, notamment grâce à Xénophon, *Mém.*, II, 1, 21, à qui S. Basile l'a sans doute emprunté, car il arrive que les expressions concordent exactement ; Lucien, *Le Songe*, VI, auquel S. Basile ne doit rien ; Clément d'Alexandrie, *Paedag.*, II, 10 (Stählin, I. p. 223). Voy. aussi Cicéron, *De offic.*, I, 32, 118.

Page 49, ligne 1.

* Comp. Platon, *Rép.*, 574 D.

Ligne 6.

* Ἰδρῶτας. L'expression est de Suidas, *pass. cité.*

Page 50, ligne 4.

* Ἡ γλῶττα κ. τ. λ. Ce vers est d'Euripide, *Hippol.*, 612. Cicéron (*De offic.*, III, 29) l'a traduit : « Juravi lingua, mentem injuratam gero ».

Ligne 11 suiv.

* Même pensée dans Julien, Disc. III, 124 B (II Bidez, p. 98, 23 suiv.).

Ligne 16.

* Sur cette anecdote, voy. Plutarque, *Vie de Périclès*, 5 et comp. Grég. de Naz., *Adversus iram*, les vers 279 suiv. ; M. XXXVII, 833 A.

Ligne 22 suiv.

* Comp. S. Basile, hom. *In iratos* II, 88 B ; S. Jean Chrysostome, hom. 26 *In Epist. I ad Cor.*, 8 (M. P. G., LX, p. 224), où l'auteur fait dire à un philosophe qui ne-peut être que Socrate, qu'il a en la personne de sa femme γυμνάσιον καὶ παλαίστραν... φιλοσοφίας. — Euclide, disciple de Socrate, dévoué au maître ; plus tard, chef de l'école de Mégare. Ce trait de sa vie est pris à Plutarque, *De ira cohibenda*, 14 ; et voy., du même, *De fraterno amore*, 18.

Ligne 28.

* Adaptation un peu large d'un vers du *Rhésos* (84), tragédie dont l'attribution à Euripide est contestée : « ἁπλοῦς ἐπ' ἐχθροῖς μῦθος, ὁπλίζειν χέρα ».

Page 51, ligne 2.

* Voyez plus loin (IX, 75); comp. Platon, *Phèdre*, 246 A suiv., 247 B, 253 CD ; *Apol.*, 30 E.

Ligne 4.

* Expression familière à S. Basile : voy. par exemple Hom. *de jejunio*, II, 4 A, et à d'autres auteurs : Synésios, *De regno* (M. P. G.. LXVI, 1074 A, 1104 B).

Ligne 11.

* Comme au bas de la statue fameuse de Zeus Olympien à Élis : Φειδίας Χαρμίδου υἱὸς 'Αθηναῖος μ' ἐποίησεν.

Ligne 24.

* Anecdote racontée un peu différemment dans Arrien, *Anab.*, IV, 19, 7 suiv. ; Plutarque, *De Alexandri fortuna*, c. 6 : 338 DE ; *Vita Alex.*, 21 suiv.

Ligne 32,

* *Matth.*, V, 28.

Page 52, ligne 16.

* Platon, *Rép.*, 488 BCD.

Ligne 33.

* Platon, *ibid.*, 374 CD.

Page 53, ligne 5.

* Sur Milon de Crotone, voy. Pausan., VI, 14.

Ligne 9.

* Marsyas et son élève Olympos, deux joueurs de flûte originaires de Phrygie : voy. Hérodote, 7, 26 ; Xénophon, *Anab.*, 1, 2, 8.

Ligne 12.

* Διέφυγον τὸ μὴ καταγέλαστοι εἶναι κ. τ. λ. : comp. Platon, *Rép.*, 613 C.

** Timothéos joueur de flûte. Ce Thébain n'a rien de commun avec son homonyme, l'auteur des *Perses*, dont Wilamowitz-Möllendorf a publié en 1903, d'après un papyrus, de longs fragments.

Ligne 22.

* Cette anecdote se trouve dans Dion Chrysostome, *De Regno* I, 1 suiv. (éd. de Arnim, I, p. 1). Voy. aussi une histoire analogue dans Plutarque, *Fort. Alex.*, 2, 2, p. 335 A.

Page 54, ligne 1

* Πονοῦσι καὶ κινδυνεύουσιν : comp. Démosthène, I *Philipp.*, 5.

Ligne 4.

* Sur cette comparaison voy. S. Paul, *I Cor.*, IX, 25 ; *Hebr.*, XII, 1. Voyez plus haut II, 34.

Ligne 6.

* 'Eπ' ἄμφω καθεύδουσι. Expression populaire : voy. Them. 193 A.

Ligne 14.

* Pittakos, l'un des Sept Sages ; ses maximes étaient tenues en si haute estime, qu'on en grava plusieurs sur le marbre, dans le temple de Delphes ; voy. dans Diogène Laërce, I, 4, 4 ; et Platon, *Protag.* 340 C et *Rép*, 435 C et 497 E.

Ligne 23.

* Τῷ νοῦν ἔχοντι : voy. plus loin IX, 20, et Gr. de Naz., *Éloge funèbre de Basile*, 11 ; M., *P. G.* XXXVI, 508 B.

Page 55, ligne 2.

* Sur cette assimilation du corps à une prison, de l'âme à un prisonnier, voy. par exemple Platon, *Cratyle* 400 C, *Phédon* 62 B, 82 D suiv. ; Plutarque, *Morales*, c. 13, 108 A suiv.

** Διὰ φιλοσοφίας. Ce mot chez les Pères de l'Église prend une acception toute nouvelle. Voy. Boulenger, Grégoire de Naz., *Discours funèbres*, etc. (coll. Hemmer et Lejay), pp. LVI-LVII.

Ligne 4.

* Γαστρὶ κ. τ. λ. Voy. Grég. de Naz., Disc. XIV ; M. XXXV, 876 AB ; S. Basile, hom. I, *De jejunio*, c. 7 ; II, 6 D.

Ligne 11.

* « Carder (de la laine) pour le feu », par suite jeter au feu les flocons de laine au lieu de les utiliser pour en faire de l'étoupe. Les trois proverbes cités ici se disaient de ceux qui prennent une peine inutile. Pour le premier, voy. Platon, *Lois*, 6 ; p. 780 C ; pour le 2ᵉ, Platon, *Rép.*, 363 DE ; le 3ᵉ est allégué encore par S. Basile, hom. 1, *De jejunio*, c. 10 : II, 9 E ; hom. XXI, c. 3 : II, 165 D. Voy. *Paroem. Gr.*, I, 130 ; II, 481, 20 ; I, 343.

Ligne 17.

* Εἶναι καὶ ὀνομάζεσθαι, formule fréquente ; voy. par ex., Grég. de Naz., *Éloge funèbre de Basile*, 21 ; M., *P. G.*, XXXVI, 524 B.

Ligne 21.

* Τῷ γε νοῦν ἔχοντι : voy. plus haut, VIII, 71.

Ligne 32.

* Τοῦ σοφοῦ παραγγέλματος : voy. Platon, *Alcib. I*, 129 E suiv.

Page 56, ligne 2.

* Κάθαρσις δὲ ψυχῆς : voy. Platon, *Rép.*, 518 B.

Ligne 10.

* Sur l'influence de la musique au point de vue moral, voy. Platon, *Rép.*, 401 D ; Arist., *Pol.*, VIII, 7 ; à un autre point de vue Clém. d'Alex., *Strom.*, VI, 89 (Stählin, II, p. 476).

Ligne 13.

* I *Rois*, XVI, 14-23 ; XVIII, 10.

Ligne 14.

* Les disciples de Pythagore connaissaient l'influence de la musique, et ils y avaient recours : voy. Plutarque, *De Iside et Osir.*, 384 B.

Ligne 20.

* Les Corybantes ou les Bacchants ; les premiers étaient prêtres de Cybèle, les autres de Dionysos.

Ligne 31.

* Souvenir de Platon, *Rép.*, 586 A ; comp. *ibid.*, 519 B ; voy. aussi Julien, disc. VI, 196 C.

Ligne 35.

* Voy. Platon, *Rép.*, 498 B. La citation est textuelle, ce qui est assez rare dans ce traité. Voy. plus haut IX, 15 : ἔξω τῶν ἀναγκαίων et IX, 23 : μὴ περιττότερον τῆς χρείας.

Page 57, ligne 1.

* *Rom.*, 13, 14 ; *Galat.*, 5, 16. L'auteur cite de mémoire.

Ligne 18.

* Voy. plus haut IX, 5 et la note.

Ligne 21.

* L'Académie, l'un des trois gymnases d'Athènes, se trouvait à un quart d'heure environ au Nord de la ville. Le trait, signalé ici, se trouve cité par Elien (*Hist. var.*, IX, 10) qui dit en parlant de l'Académie : « νοσηροῦ χωρίου λεγομένου εἶναι τῆς 'Ακαδημίας ».

Ligne 23.

* Ce sont les expressions mêmes qu'on trouve dans Hippocrate, les *Aphorismes*, 1, 3 : « ἐν τοῖσι γυμναστικοῖσιν αἱ ἐπ' ἄκρον εὐεξίαι σφαλεραί, ἢν ἐν τῷ ἐσχάτῳ ἔωσιν » (Littré, IV, pp. 459 suiv.). Et voy. S. Basile, *hom.* I (II, 7 C); II (II, 14 E).

Ligne 33.

* Voy. Hérodote, IV, 27.

Page 58, ligne 4,

* Voy. Clém. d'Alex., *Pédagogue*, III, XI, 56, 4 (Stählin, I, p. 268) || τῶν μυρμήκων... τῶν χρυσοφόρων : voy. Hérodote, III, 102.

Ligne 20.

* Voy. Plutarque, *An vitiositas ad infelicitatem sufficiat*, 499 A.

Ligne 24.

* Voy. Hérodote, VII, 27 suiv.

Ligne 29.

* Socrate. D'après Dion Chrysostome (*De regno, or.* III, 102) Socrate faisait allusion au roi de Perse Darius ; d'après Cicéron (*Tuscul.*, V, 12) au roi de Macédoine, Archélaos.

Ligne 31.

* Phidias, le sculpteur Athénien, ami de Périclès, l'auteur de la statue de Zeus à Olympie en Élide. Polyclète, auteur d'une statue colossale de Héra à Argos.

Page 59, ligne 12.

* Le renard d'Archiloque, fable célèbre dans l'antiquité, mais sur laquelle on manque de précisions. Ce passage se réfère à Platon, *Rép.*, 365 C.

Ligne 26.

* Lieu commun : voy. un distique de Théognis 215-6 ; Grég. de Naz., *Él. fun. de Basile*. 19 (M., *P. G.*, XXXVI, 521 A) ; Julien, *Misopogon*, 349 D, et *Paroem. Gr.*, t. II, pp. 203, 204, etc.

Ligne 29.

* Τοῖς ἡμετέροις λόγοις = des Chrétiens, surtout la Bible, à quoi il oppose τὰ ἔξωθεν παιδεύματα.

Page 60, ligne 4.

* Citation assez large d'Hésiode, *les Travaux et les Jours*, 359. On la trouve déjà dans Plutarque, *De profectu in virtute*, 3, p. 76 C.

Ligne 7.

* Bias, de Priène, un des Sept Sages (VIe siècle av. J.-C.) ; voy. Diogène Laërce, I, c. 5 ; 88 B.

Lignes 13.

* Tithonos symbolise chez les Grecs la décrépitude de l'extrême vieillesse. Sur Tithonos et Éos, voy. *Hymn. Homér.* IV, à Aphrodite, 219 suiv. || Arganthonios, roi de Tartessos, en Espagne, qui d'après

Hérodote (I, 163) vécut 120 ans ; d'autres, par ex. Lucien (*Longaevi.* 10) disent 150, etc.

Ligne 15.

* *Gen.,* V, 25 suiv.

Ligne 23.

* Voy. *Parœm. Gr.* I, 293. « Remuer chaque pierre » se dit encore en anglais : « to leave no stone unturned ».

Ligne 26.

* Τοῦ παραινέσαντος. Il s'agit de Pythagore ; Plutarque (*De exsilio,* c. 8 ; p. 602 C) dit « précepte des Pythagoriciens ».

Ligne 35.

* Littéralement « de trois sortes d'infirmités ». Ce passage semble directement inspiré par Plutarque, *De profectu in virtute,* 11 ; p. 81 F ; voy. d'ailleurs Büttner, *ouvrage cité,* p. 57.

Page 61, ligne 3.

* Il y a dans le texte une allitération qui semble voulue, et forme un jeu de mots difficile à rendre en français.

INDEX

___

Cet index comprend tous les noms propres cités expressément par saint Basile, ou auxquels il fait simplement allusion ; dans ce dernier cas, le nom est mis entre parenthèses. Le premier chiffre, ici comme dans l'Introduction, renvoie au chapitre du traité, le deuxième à la ligne du chapitre.

TABLE DES MATIÈRES